KB129919

마 음 *Liberate Yourself* 해 방

마 음 *Liberate Yourself* 해 방

소용돌이치는
인생의 한가운데에서

마음의 고요를
얻는 법

———————

곽정은 지음

웅진 지식하우스

추천의 글

자기 자신을 부적절하고 과도하게 사랑하면 나르시시즘이라고 한다. 그 반대로 지나치게 자신을 미워하고 무시하면 무기력하고 비관적 삶을 살게 된다. 그래서 자신을 적절하면서도 옳은 방법으로 사랑하는 것은 무엇보다도 중요하다. 문제는 이 못난 마음의 사잇길이 꽤나 좁아서 어느 한 도랑으로 빠지기 쉽다는 것이다. 그래서 누군가 이 좁은 길을 훨씬 더 넓게 보여주며 우리로 하여금 용기를 가지고 걸어갈 수 있도록 해주었으면 하는 소망을 자주 가진다. 곽정은 작가의 이 책이 바로 그 적임자다. 내 인생이 잘 보이지 않아 답답하던 많은 분들이 도수 딱 맞는 안경을 맞추고 주위를 둘러볼 때의 편안함을 느낄 수 있을 것이다. 강해 보이는 곽정은 작가가 실은 엄청나게 섬세한 고민을, 그것도 전문가의 시선으로 그 어려운 일을 해내었다.

_**김경일**(인지심리학자)

사람들의 마음을 깨는 광부, 마인드 마이너, 곽정은 작가가 불교의 고전에서 오늘날의 내면세계에 맞는 광맥을 발견하였다. 통찰과 지혜, 침묵과 고요, 사랑과 연민, 기쁨과 평정이라는 명상 보석들을 현대인들의 기호와 취향에 맞게 세공하였다. 누구나 쉽게 명상 보석들을 삶으로 가져와 실제로 활용할 수 있도록 알차게 만들어놓은 책이다.   _**미산 스님**(옥스퍼드대 철학박사)

정신과 의사는 관상을 보는 직업이란 농담 섞인 말이 있다. 실제로 겉모습에서 많은 것이 드러나기도 하니까. 그러나 모든 이의 내면세계는 그 겉껍질과 비할 수 없이 깊고, 그렇기에 쉽게 판단하면 안 됨을 진료실에서 매일 깨닫게 된다. 몇 년 전 한 강연장에서 처음 작가를 만났을 때, 연애 전문가로 그를 바라보는 편견이 내게도 있었다. 하지만 이후 대화를 나누며 반전 같은 내면세계를 보게 되었다. 세상이 씌운 가면에 짓눌리지 않고 그대로의 자신을 사랑하기 위한 노력을 멈추지 않는 사람. 그렇게 살아오며 결국 얻어낸 마음 해방의 과정과 결과가 담긴 책을 내놓았다. 이 솔직하고 깊이 있는 책을 마음이 아픈 모든 이들에게 추천하고 싶다.

_김지용(정신과 전문의, 유튜브 채널 <뇌부자들>)

곽정은 작가 특유의 솔직하면서 따뜻한 문장들이 책을 읽는 내내 나를 부끄럽게도, 눈물 나게도 했다. 작가는 쉼 없이 외친다. 나 자신을 떠나 내 인생을 살아갈 수는 없다고. 스스로를 온전히 알아가는 여정에 힘을 쏟으라고. 나를 사랑하게 된 힘으로 타인을 사랑하는 것 혹은 그런 존재가 되기 위해 부단히 노력하는 삶, 어쩌면 그것이 진정 멋진 인생이 아닐까? 너무 늦지 않게 이 책을 만나게 되어 다행이다. 문득 그녀가 한 것처럼 가만히 가슴에 손을 얹어 심장박동을 느껴본다. 외면하지 않을게. 모르는 척하지 않을게. 이렇게 쉬지 않고 뛰어주는 너처럼 나를 아끼고 사랑할게.   _한혜진(모델)

∘ **일러두기**

1. 《앙굿따라니까야》, 《쌍윳따니까야》, 《맛지마니까야》, 《숫타니파타》, 《법구경》, 《우다나》, 《테리가타》, 《청정도론》 등의 경전에서 인용된 문구는 한국빠알리성전협회 전재성 박사의 번역을 수록하였다.

2. 이 책은 국립국어원의 표준어 규정 및 외래어 표기법을 따랐으나 일부 인명은 실제 발음에 따라 표기했으며, 경전 인용문의 경우 한국 빠알리성전협회의 표기 방식을 따랐다.

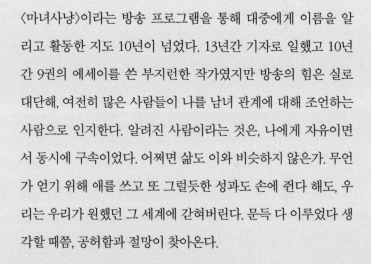

〈마녀사냥〉이라는 방송 프로그램을 통해 대중에게 이름을 알리고 활동한 지도 10년이 넘었다. 13년간 기자로 일했고 10년간 9권의 에세이를 쓴 부지런한 작가였지만 방송의 힘은 실로 대단해, 여전히 많은 사람들이 나를 남녀 관계에 대해 조언하는 사람으로 인지한다. 알려진 사람이라는 것은, 나에게 자유이면서 동시에 구속이었다. 어쩌면 삶도 이와 비슷하지 않은가. 무언가 얻기 위해 애를 쓰고 또 그럴듯한 성과도 손에 쥔다 해도, 우리는 우리가 원했던 그 세계에 갇혀버린다. 문득 다 이루었다 생각할 때쯤, 공허함과 절망이 찾아온다.

내게는 왜 흔히 평범한 행복이라고 부르는 것들이 허락되지 않는지, 이 정도면 좋은 삶이라고 느낄 때조차 타인의 삶과 내 삶을 비교하며 오래 번민했다. 단지 무엇이든 할 수 있는 상태가 아니라, 나 자신을 묶고 있던 정신적 속박으로부터 벗어나는 것, 이것이 진정한 마음 해방의 의미임을 깨닫기 전까지 나는 같은 곳을 맴돌았다. 삶의 시간이 유한하다는 것을 잊은 채로 그렇게 했다. 이 책은 외로움, 분노, 두려움, 실망, 탐욕과 번민으로부터 벗어나기 위해 고군분투한 나의 공부와 성장의 기록이다. 또한 우리가 같은 곳을 맴도는 일로부터 해방되기를 바라며 써 내려 간 글이다. 자신을 등불로 삼고, 진리를 등불로 삼아 이 삶을 살기 원하는 사람들과 함께 내가 경험한 진리에 대해 나누고 싶었다. 나를 이롭게 만든 시간의 기록이, 당신에게도 이로운 기록이 된다면 그곳에서 자리이타(自利利他, 자신을 이롭게 하여 남도 이롭게 한다)는 실현될 것이다.

작가는 언제나 이번 책이 마지막이라는 마음으로 책을 쓴다고 생각한다. 책을 만드는 모든 시간이 고통스럽기도 하거니와, 죽음에 대해 강렬히 사유하지 않는 작가는 없을 것이기 때문이다. 이 책이 혹여 내 인생의 마지막 책이 되어도 거기에는 어떤 아쉬움이 없다. 다만 삶의 시간이 허락하는 한 내적 성장을 거듭해, 혹여 이 글이 부끄러워지는 날이 온다면 그 또한 두 팔 벌려 환영할 일이다.

마음 해방의 길을 선택할 모든 이에게,
부디 이 책이 좋은 친구가 되어주기를.

차
례

1장　(헤아림의 문 너머)

2장 (알아차림의 문 너머)

3장 (현존의 문을 열다)

1장
헤아림의 문 너머

"다른 자가 비열한 행위를 했다고

그대는 분노한다.

왜 그대는 바로 그와 같은 행위를

자신에게 하려고 하는가?

타인이 화내게 만들고자

그대에게 마음에 들지 않은 일을 행했다면

덩달아 화를 내어

왜 그대는 그의 소원을 들어주는가?"

_《청정도론(Visuddhimagga)》[1]

나는 나를
용서하기로 했다

내 마음을 묶고 있는
상처로부터의
해방

영화 〈밀양〉(2007)은 오랫동안 기억에 남아 있는 영화다. 자신의 전부나 다름없던 아이가 유괴범에게 살해당하고, 주인공 신애는 큰 고통에 빠진다. 이후 괴로움을 견딜 수 없어 신앙생활을 시작한 그녀는 원수를 용서하고 사랑하라는 하나님의 말씀을 실행하기로 결심하고 교도소에 있는 유괴 살해범 도섭을 면접한다. 그리고 바로 이 장면에서 신애는 더 큰 충격과 좌절에 빠진다. 도섭이 신애보다 평온한 얼굴로 면회실에 나타나 이렇게 말하기 때문이다. "하나님이 이 죄 많은 놈의 죄를 용서해주셔서 그 후로 마음의 평화를 얻었습니다." 신애는 비참함과 절망 속에서 울부짖으며 절규한다. "그 사람은 이미 용서를 받았대요. 그

(헤아림의 문 너머)

런데 내가 어떻게 다시 그 사람을 용서하냐고요!" 겨우겨우 버티던 신애는 급속도로 무너지고, 급기야 자살 시도를 해 정신병원에 입원까지 하게 된다.

피해를 입은 사람이 용서하지 않았는데, 셀프로 용서하고 셀프로 구원받았다고 말하는 가해자의 모습을 보고 분노하고 황망해하지 않은 사람은 없을 것이다. 결말에서 작은 희망의 상징 같은 장면이 나오긴 하지만, 적어도 영화 속에서 신애는 용서에 대해서만큼은 자신의 입장을 정리하지 못한 것으로 그려진다. 영화의 주제 의식이 깊었던 만큼 여러 해석이 있을진대, 나는 이 영화를 '용서의 참된 의미는 무엇인가'를 묻는 것으로 보았다.

용서는 사실 누구에게나 어렵다. 명백히 나에게 해를 끼친 사람에게 그런 마음을 낸다는 것은 예수나 붓다 수준으로 성인(聖人)의 반열에 이른 사람에게나 가능한 것 아니냐고 반문할 수도 있다. 더욱이 성경과 불경에 등장하는 용서의 장면들이 현대사회를 살아가는 우리에게는 그다지 납득하기 어려운 모습이기도 하다. 예수는 오른뺨을 맞으면 왼뺨도 내어주라고 말했고, 붓다는 도둑들이 톱으로 자신을 잘라 죽일 때라도 분노심을 품으면 안 된다고 말했다. 심지어 붓다를 따르던 제자들은 박해를 받아 불에 타 죽으면서도 마지막 순간까지 자비수행을 이어갔다고 하니, 이런 것이 용서라면 차라리 그것을 하지 않는 편이 유리하게 느껴지기까지 한다.

2016년 가을, 인도의 명상학교에 갔을 때도 마찬가지였다. 마음의 고통을 해결하기 위해 비싼 비용을 내고 먼 인도까지 온 이들이 모인 그곳에서조차 용서는 받아들이기 쉽지 않은 주제였다. 다른 주제들을 다룰 때에는 평온함과 기쁨으로 모든 내용을 순종적으로 받아들이던 사람들이 용서에 대한 강의는 받아들이기 힘들어했다. "용서하고 싶지 않다", "상처 입은 것도 억울한데 용서까지 해야 하나?"라는 질문이 쏟아졌다. 불만족스러운 표정들과 날이 서 있는 질문들 속에서 나 역시 혼란스러움을 느꼈다.

'그러니까, 잘못한 건 내가 아닌데 왜 내가 이런 노력까지 해야 하냐고? 그건 너무 공평하지 않잖아!'

마음속에서 이런 말들이 끊임없이 일어나 용서라는 주제를 나 역시 온몸으로 저항하고 있다는 것을 알 수 있었다. 그리고 그럴 때마다 내가 도저히 잊지 못하고 있던 내 인생의 사건과 내면 깊숙이 자리한 상처 같은 것들도 더 선명하게 느껴졌다. 명상학교에 머무는 동안 수업을 듣고 또 명상을 하며 정말 많이 울었고, 그 과정에서 많은 문제들로부터 해방되고 가벼워졌다는 느낌이

(헤아림의 문 너머)

들었지만 용서는 나에게 버거운 주제였다.

그래서였을까. 한동안은 이것을 굳이 다시 꺼내어 고민하거나 들여다보지 않았다. 정확히 표현하자면 회피했다고 해야 할 거다. 가끔씩 불쑥불쑥 내가 용서할 수 없는 일들이 머릿속을 스쳐 지나갔지만 그 문제를 진지하게 돌아보고 싶지 않았다. '그때 저한테 왜 그랬어요?', '내가 너한테 얼마나 잘해줬는데 어떻게 그럴 수 있어?' 이런 말들이 떠오르는 것에 대해 어떤 대비책도 갖고 있지 않았기 때문에 그냥 그 일이 없던 것처럼 바쁘게 살면 되지 않을까 생각했던 것 같기도 하다.

다음 해인 2017년 여름, 갑자기 한 사람과 연애를 시작하게 됐다. 너무도 매력적인 외모에 화려한 언변을 가졌던 그에게 나는 순식간에 빠져들었다. 사는 곳이 멀었지만 그의 적극적인 대시로 거리는 조금도 장애가 되지 않았다. 보고 싶다고 말하면, 그는 바로 다음 날 점심에 돌아가야 하는 상황임에도 밤새 수백 킬로미터를 달려와주었다. 오랫동안 비어 있던 마음이 누군가로 가득 차는 경험이 너무 짜릿해, 나는 이것이 내 인생 마지막 사랑이 되기를 수도 없이 꿈꾸었다. 석 달 뒤, 그의 여자친구라는 사람에게서 "언니, 언니가 만나고 있는 그 남자는 내 남자친구예요"라는 연락을 받기 전까지는.

그는 처음엔 펄쩍 뛰며 결백을 주장했다. 그녀가 한때 연인이었던 것은 맞지만, 헤어지자고 했는데도 받아들이지 않고 매달리고 있는 거라고 했다. 하지만 일이 점점 커지자 그는 결국 모든 것을 털어놓았다. 아직 사귀고 있다는 고백이었다. 참담한 심경으로 그에게 물었다. 어떻게 여자친구가 있으면서 이런 일을 나에게 할 수가 있느냐고, 이 모든 것이 드러났을 때 내가 입을 타격에 대해서는 생각해본 적이 없는지 따져 물었다. 그는 내가 한 번도 본 적 없던 초라한 얼굴로 이렇게 대답했다.

"그냥, 외로워서 그랬어."

볼품없고 성의도 없는 대답에 나는 또 한 번 절망했다.

지나간 사랑은 다 아프다지만, 그와의 관계는 크나큰 상처였다. 사귀다가 마음이 변하는 일까지는 어쩔 수 없는 일이라지만, 애인이 있으면서도 나에게 접근한 것은 차원이 다른 이야기였다. 내가 좋아하고 갈망했던 그와의 모든 순간에 그는 단 1초도 내게 진실한 적 없었다는 사실을 받아들이기가 너무 힘들었다. 나에겐 사랑이었지만 그에게는 바람일 뿐이었던 3개월이라는 시간이 모두 끝난 후, 나는 영원히 이 남자를 용서하지 않으리라 다짐했다. 그런데 용서하지 않겠다고 다짐하니 용서할 수 없는

(헤아림의 문 너머)

사람이 더 늘어났다. 그에게 연인이 있다는 걸 알면서도 천연덕스럽게 연애를 축하한다며 같이 밥을 먹었던 그의 절친한 친구들에게도 분노의 마음이 일었다. 거짓으로 가득한 사람 하나 알아보지 못한 나 자신도 용서할 수 없었다.

3년이란 시간이 지나도록, 그에 대한 내 분노는 희미해지지 않았다. 짧은 시간이지만 그를 너무 많이 사랑해서였을 수도 있다. 비록 진실된 만남은 아니었지만 누구보다도 대화가 잘 통했던 그와의 빛나는 순간들 때문일지도 모르겠다. 이후로도 가끔씩 뜬금없이 걸려오던 그의 전화에 어리석게도 어떤 희망을 품고, 나는 그에 대한 그리움과 분노 사이의 어딘가를 헤매며 3년 동안 복잡한 마음을 버리지 못했다. 가끔, 인도에서의 명상학교 수업이 떠오르기도 했다. 내가 그때 그곳에서 용서에 대한 내 어리석음을 해결하고 돌아왔다면 지금쯤 이 문제가 더 이상 나를 붙잡지 않았을까? 나는 몹시도 괴로웠다. 미뤄둔 과제 때문에 이렇게 오랜 시간 내가 고통받고 있다니. 내 인생에 남은 행운이 있다면, 부디 이 마음의 고통을 줄이는 데에 그것이 나타나주기만을 염원했다.

그러던 어느 날, 서점에서 우연히 눈에 띄어 집어 들고 온 책 한 권을 잠깐 읽을 마음으로 별생각 없이 펼쳤고, 몇 장 읽다가 나를 일순 멈추게 한 그 페이지에서 나는 알아버렸다. '이것이 바로 '그 순간'이구나' 하는 것을. 내 오랜 고통이 끝나는 순간, 내 오랜 분노가 빛을 잃는 순간이라는 것을.

실연과 파산은 슬픈 일이지만 두려운 일은 아니다.
당신은 여전히 살아 있고 당신의 육체와 영혼은 건재하다.
생각해보라. 애인이 떠나거나 재산이 사라졌다면
애초 그건 당신의 것이 아니었다는 뜻이다.
원래 당신 것이 아니었으므로 잃어도 상관없다.
중요한 건 멈추어 서서 가만히 생각해보는 것이다.
정말로 당신 것이었으면 떠나지도 않고
잃어버리지도 않았을 것이다.
세상에서 절대로 잃어버리지 않는 건
바로 당신 자신이라는 것을 안다면
세상의 득실에 연연해하지 않을 수 있을 것이다.

_『법화경 마음공부』[2]

이 짧은 구절을 읽는데, 속절없이 눈물이 흘렀다. 왜 내가 이토록 그를 미워함과 동시에 그리워하고 있었는지, 그 마음을 꿰뚫는 것 같은 구절 앞에서 지난 3년의 답답했던 시간이 주마등처럼 스쳐갔다. 너무 사랑했지만 너무 미웠던 그 사람을 용서하지 못했던 것은, 그가 내게 한 짓 때문이 아니었다. 내가 그에게 여전히 소유권을 주장하고 있었기 때문이었다. 그를 너무 좋아한 나머지, 나는 그를 내 것이라고 여겼다. 그의 거짓이 드러난 뒤에도 그가 나의 것이라는 생각이 너무 강했던 나머지 상황을 온전히 볼 수가 없었다. 수시로 내가 선택한 사람에 대한 실망으로 분노했고, 그 와중에도 마음 한편에서는 그가 더는 나의 사람이 아니라는 점에 분노가 올라왔다. 여러 겹으로 중첩된 분노는 사실상 내가 이 관계를 내 것이라 여기고 내 소유물로 여겼기 때문이었음을 그 순간 깨닫게 됐다.

나는 바닥에 주저앉아 엉엉 울었다. 지나온 나의 모든 관계들도 강렬한 소유욕에 뿌리를 두고 있었다는 것을 알았기 때문이다. 가질 수 없고 가진 적 없는 것을 가졌다 착각했기에, 나는 얼마나 많이 분노했고 상실감에 아파했는가. 그리고 그 분노와 상실감은 얼마나 나를 한자리에 묶어놓았을까. 내 인생에 참으로 미안해졌다. 하지만 또한 내 인생에 감사하게 되었다. 3년간 정말 힘들었지만, 그 기간 동안 나는 마음속으로 이 괴로움으로부터 해방되기를 강렬히 염원했고, 그 염원이 나로 하여금 용서에 다다르는 경전의 문구로 인도했을 것이기 때문이다.

팽팽하던 끈이 탁 하고 끊어질 수 있었던 건,

오랫동안 그 끈에 힘이 가해졌던 까닭이겠지.

용서란 쉽지 않다. 이 정도면 거의 용서했다고 생각되는 그 순간의 용서조차도 100퍼센트가 아닐 수 있다. 용서라는 것에 완성이라는 것이 가능하기나 할까. 마음속 깊은 곳에서는 용서하고 싶어 하는 의지가 있다고 해도, 시종일관 옳고 그름을 판단(judge)하고 싶어 하는 우리 안의 재판관은 "용서하지 않는 것이 너 자신을 위해서 더 나아"라고 말하며 용서가 아니라 분노할 권리에 대해 말하기를 좋아한다. 분노하면 뭔가 힘이 세진 것처럼 느껴지고, 용서하면 약한 사람이 된 것 같은 느낌도 우리를 속이기를 좋아한다. 분노한다고 느끼는 순간, 내가 옳다는 느낌이 더 확대된다. 마치 작은 모닥불이 모여 거대한 화염을 이루듯, 우리 안의 습관적이고 자잘한 분노들은 어느 순간 거대하게 모여 우리 마음의 기본적인 습성이 되고야 만다. 나를 위한답시고 지속시킨 분노는 그렇게 나 자신을 불태워버린다.

그 어떤 상대에 대한 분노라도, 결국 그것을 가장 먼저 경험하는 이는 나 자신이라는 점을 기억해두지 않으면 안 된다. 뜨거운 석탄을 상대에게 던지기 위해서는 먼저 내 손이 뜨거운 석탄에 화상을 입을 각오를 해야 한다. 붓다는 신업(身業), 구업(口業), 의업(意業)이라 하여 몸으로도, 입으로도, 하물며 생각으로도 부정

(헤아림의 문 너머)

한 것을 일으키지 말라고 했다. '나에게 해를 끼친 그 사람이 망했으면', '나를 배신한 그 사람이 고통받았으면' 하는 생각조차도 하지 말라는 것이다. 스트레스로 가득 차 있고, 언제든 쉽게 분노할 준비가 되어 있는 우리에게 이러한 권유는 '아무것도 느끼지 말고, 생각도 하지 말라는 것인가'라는 억울함을 불러일으키기도 하는 것 같다. 하지만 분노, 용서와 같이 까다롭고 내려놓기 어려운 감정을 근원적으로 이해하고 이것에서 풀려나기 위해서는 또 하나의 개념에 대한 이해가 필요하다. '상속자'라는 개념이다.

경전에서는 이렇게 표현한다.

> 그대는 행위(業)의 주인이며, 행위의 상속자이며,
> 행위를 모태로 삼고, 행위를 친지로 하고,
> 행위를 의지처로 하는 자이다.
> 그대는 그대가 행할 행위의 상속자가 될 것이다.
>
> _『청정도론』[3]

내가 한 행위의 과보(인과응보, 因果應報)는 온전히 내가 받는 것이고, 내가 몸으로, 입으로, 생각으로 행하는 것들의 방향에 따라 내 삶의 결과가 정해진다는 것이다. 참으로 간명한 설명이 아닐 수 없다. 그 누구도 자신이 만든 행동, 말, 생각으로부터 자유로울 수 없는 것이다. 다만 이 진리에 따르면 우리가 할 수 있는 것은 오직 우리 자신의 몸과 입, 그리고 마음을 단속하는 것으로 한정된다. 타인이 일으키는 생각이나 행동을 조절하거나 통제할 수 없으며, 이것의 과보 역시 그 타인에게 돌아가기에 여기에는 더하고 덜어낼 것이 없는 공평함만이 존재하게 된다.

처음에는 받아들이기 어려웠지만 긴 시간이 지나고 나서 인도의 명상 스승이 가르쳐준 이야기를 되새겨보게 되었다. 그는 나에게 이렇게 말해주었다.

"뉘우칠 생각이 없는 사람을 용서하는 것이 그냥 나의 정신 승리는 아닌가 하는 생각이 들 수도 있지요. 하지만 그 사람이 용서를 바라지 않는다면 또 어떻습니까? 정신 승리라면 그게 또 어떤 문제가 되나요? 용서를 한다는 것은 내가 그 괴로움에서 벗어날 것인가, 아니면 그 괴로움을 계속 들고 살아갈 것인가를 결정하는 것과 같아요. 용서란 그 사람을 위한 결정이 아니라 나 자신을 위한 결정입니다. 이것은 숙제도, 의무도 아니며 오로지 내가 그것으로 인해 더는 고통받지 않겠다는 의지로 내리는 결정입니다. 중요한 것은 결심하고, 노력하고, 연습하는 것입니다. 내가 나 자신을 소중하게 여기고, 더 이상 나 자신을 포

(헤아림의 문 너머)

함한 그 누구도 나를 아프게 하도록 두지 않겠다는 결심을 하는 것입니다. 그러면 용서는 저절로 따라옵니다. 타인에게 해악을 저지른 사람이 사회의 틀 안에서 법적으로 벌을 받아야 하는 것을 부정하는 것이 아닙니다. 외적인 차원과 내적인 차원은 다릅니다. 용서는 내적으로 일어나는 경험이기에, 우리는 법적인 처벌은 물론 내면에서의 용서를 함께 진행해나갈 수 있어야 합니다. 타인을 용서하는 것도 어렵지만, 과거에 타인에게 상처 주었던 자신의 모습을 용서하는 것도 어려울 수 있습니다. 가장 쉬운 것은 자신을 원망하는 것이고, 가장 어려운 것은 자신을 용서하는 일이지요. 마음속에서든 행동으로든 상대방에게 진심으로 용서를 구하고, 자신에게도 용서를 구하십시오. 그리고 그 일에서 벗어나십시오."

내 안의 무언가가 변화한 걸까. 도저히 받아들이기 힘들었던 용서에 대한 이야기들이 이완된 나의 가슴 안으로 스며들어왔다. 오랫동안 나를 한자리에 묶어놓았던 미움의 에너지로부터 해방되자 삶이 비로소 제 궤도를 찾고 있다는 느낌이 들었다.

기쁨이었다.

나는 이제 그가 더 이상 밉지 않다. 오래전 나를 고통에 빠져들게 한 그 사람과의 만남을 통해 비록 상처는 입었지만 용서에 대한 나의 오랜 숙제를 비로소 해결할 수 있었고, 그로 인해 내가 염원하던 평온을 찾았기 때문이다. 내가 견딜 수 없었던 건 나의 소유욕 때문이었다는 것을, 타인의 잘못된 행동에 따른 과업은 그 자신에게 돌아가리라는 것을 그때의 나는 알지 못했다. 알지 못했기에 힘들었지만, 이제라도 알았으니 후회도 억울함도 없다.

진정한 용서란 무엇일까? 힘들었던 기억을 모두 잊고 긍정적인 마음으로 새출발을 하는 것일까. 잘못한 일에 대하여 꾸짖지 않고 그저 덮어주는 마음인 걸까. 내게 있어 진정한 용서는 '연민'에 가까운 마음이다. 나에게 상처를 준 사람을 나와 다를 바 없는 한 명의 인간으로 바라보고, 그의 행위와 과보 안에 숨겨진 고통을 있는 그대로 바라볼 수 있는 마음의 힘이다. 그 사람을 미워하고 그로 인해 분노하는 내 마음의 고통을 있는 그대로 바라보려고 하는 마음의 용기이다. 연민의 힘을 통해 우리는 우리의 고통에 더 많은 불쏘시개를 제공하는 식의, 자기 자신을 망치는 선택을 줄여나가게 되며 나아가 삶을 뒤로 물러나게 하는 다양한 내면의 족쇄로부터 풀려날 실마리를 얻게 된다.

누군가에게 상처를 주고, 또 받은 사실이 당신의 기억에서 사라지지 않고 여전히 남아 있더라도 오직 그 사실 이외에는 다른 아무것도 남기지 않는 것, 사실만 남기고 움켜쥔 손에서 모든 것을 떠나보내는 것, 이것이 바로 용서의 본질적 의미일 것이다. 우리는 그저 고통에 몸부림치고 있을 뿐, 나에게 큰 상처를 남긴 그 사람도 그저 외로움이라는 고통에 빠져 몸부림치던 존재라는 것을 깊은 차원에서 깨닫고 나자 더 이상 미워할 대상이 없다는 것을 깨닫게 됐다.

'이제 더는 내가 너를 미워할 어떤 이유도 남아 있지 않구나.'
오랜 염원이 해결되자 내 삶은 그 순간부터 완전히 가벼워졌다.

목숨 같은 아이를 범죄자의 손에 잃고, 온몸으로 울부짖던 신애는 범인을 결국 용서했을까? 용서에 대해서 잘 알지는 못했지만, 용서하지 않는다면 결국 자신이 버티지 못할 것임을 알았던 신애는 분명 현명한 사람이었다. 다만 '우리는 우리가 만든 업의 상속자'라는 것을 이해했다면, 살인자의 과보는 온전히 살인자인 그가 받는 것임을 이해했다면 자기 자신을 망가뜨려 흠집을 내려는 자해만큼은 멈출 수 있지 않았을까. 손에 쥐고 있던 뜨거운 석탄을 내려놓는 것은 신애에게, 그 누구에게도 쉬운 일은 아니겠지만 그런 식으로는 자신의 삶이 지속될 수 없다는 것을 깨닫는 순간도 너무 늦지 않게 와야만 한다.

인생의 모든 불행은, 어쩌면 우리 스스로 자신을 용서하는 계기를 마련해주기 위해 우리 삶에 나타나는 것은 아닐까. 여전히 부족한 내게는 아직은 다 용서하지 못한 관계들이 있다. 영화 속 신애가 달리 있는 것이 아니라 그녀의 모습에서 나를 본다. 우리를 본다.

이 세상의 모든 신애들이,
부디 자신을 해방시키기 바란다.

(헤아림의 문 너머)

"마음이 어떠한 곳을 돌아다니더라도

자기보다 더 사랑스러운 것을 찾지 못하듯

다른 사람에게도 자기는 사랑스러우니

자기 자신을 위해 남을 해치지 말라."

_《쌍윳따니까야(Saṃyutta Nikāya)》[4]

나에게 나 자신보다
사랑스러운 사람은 없습니다

자기 비난으로부터의
해방

나는 10년 전 〈마녀사냥〉이란 방송 프로그램을 통해 대중에게 본격적으로 이름을 알리게 됐다. 그 전에도 기자와 작가로 활동하고는 있었지만, 사람들에게 널리 이름을 알린 데는 아무래도 방송의 영향이 컸다. 특별한 타이틀을 붙이기 좋아하는 대중매체에서는 연애 프로그램에서 다양한 조언을 하는 나에게 '연애 전문가'라는 별명을 지어주었다.

"연애에 대해서 글도 쓰고 조언도 하긴 했지만 그렇다고 제가 연애를 전문적으로 하는 사람은 아닌데, 뭔가 어감이 이상하니 그냥 작가로 불러주시면 안 될까요?"

섭외나 제안이 들어올 때마다 이런 부탁을 드렸지만 예상대로 내 의견을 받아주는 곳은 없었다. 처음에는 그냥 그러려니 했고, 나중에는 하도 많은 사람들이 그렇게 부르니 나도 그 별명을 서서히 받아들이게 되었던 것 같다.

하지만 그렇다고 해서 그 호칭이 편안할 수는 없었다. 아무리 방송과 강의를 통해 사랑에 대해 강의를 하고 조언을 한다고 해도, 마음속에는 언제나 풀리지 않는 불편감이 있었다. 남자친구와 작은 충돌이 있기만 해도 마음속에서 자책감이 거세게 몰려왔다. '내가 이런 조언을 할 자격이 되나?' 하는 생각이 나를 괴롭혔다. 게다가 어김없이 그런 충돌이 몇 차례 이어지다 보면, 아무리 좋았던 사이도 순식간에 허물어지고 끝나버리곤 했다. 문득, 세상이 나에게 선물한 '연애 전문가'라는 그 허울 좋은 표현에 내가 스스로 나를 가두고 있던 것은 아닌지, 연애에 대해서라면 제법 알고 있다는 자만감에 취해 있던 것은 아닌지 생각이 더욱 많아졌다.

커리어적으로 꽤나 화려하게 활동했던 30대를 마무리할 즈음, 서른여덟과 서른아홉 해에 내 인생에서 가장 사랑했던 두 명의 남자와 가장 아프게 이별하면서 그 자책감은 최고조에 달했다. 너무도 괴로웠기에 어두운 방에서 아무것도 하지 못하고 멍하게 누워 있다가 다음 날에 어딘가로 연애 특강을 하러 나가야 할 때면 마치 내 안의 또 다른 자아가 나를 비웃는 것 같아 몹시 괴로웠다.

사랑에 실패한 내가 사랑에 대해 조언할 자격이 있는가?
나는 어째서, 남들에게 조언하는 대로 행동하지 못했을까?
나는 어째서, 사랑에 대해 꽤나 많이 공부했는데도 이 사랑을 지키지 못했을까?

몇 번이고 되물었지만 그 답을 찾을 수 없어 답답했다. 내가 아는 지식이 나를 구하지 못하는 것에 나는 깊이 절망했다.

20년 동안 만남을 거듭하며 계산하고, 가늠하고, 눈치 게임을 하고, 사랑한다고 말하고, 웃고 울고, 싸우고 헤어짐을 반복하면서 내가 반복한 것은 사랑도, 그것과 비슷한 그 무엇도 아니라는 것을 비로소 깨닫게 됐다. 나는 남자들을 만나 그저 끊임없이 무언가를 요구하는 사람일 뿐이었다. 내가 외롭지 않게 해달라고, 내가 사랑받고 있음을 느끼게 해달라고, 나를 인정해달라고, 부단히 요구하고 상대를 테스트하며 그로부터 애정과 인정을 바랐다. 관계는 상호적이기에 상대 역시 나에게 비슷한 요구사항을 끊임없이 제시하곤 했다.

서로에 대해 매력을 강하게 느끼고 관계에 생동감이 존재할 때는 그 요구를 충실히 들어주던 우리는, 서로에게 더 이상 새로운 매력을 느끼지 못하게 되거나 혹은 관계의 피로감이 한계치에 다다르면 더는 뒤돌아보지 않고 이별을 말했다. 누가 먼저 괴로움을 느껴 더 적극적으로 행동하는가의 차이만 있을 뿐, 이별은 늘 그런 식으로 한 사람의 요구와 상대편의 거절, 그리고 파탄이라는 큰 흐름 속에서 진행되어 왔다는 것을 알았다. 그리고 이런 식으로 더는 사랑할 수 없다는 것도 알았다. 이 고통스러운 요구의 족쇄에서 나는 진정으로 해방되기 원했다. 그리고 운명처럼 만난 경전의 내용이 나에게 해답이 되어주었다.

먼저 《쌍윳따니까야》에 기록된 빠쎄나디 왕과 말리까 왕비의 대화를 통해 그 해답을 발견할 수 있었다. 왕은 왕비에게 "그대에게는 그대 자신보다 더 사랑스러운 사람이 있는가?"라고 묻는다. 그러자 왕비는 "나에게는 나 자신보다 사랑스러운 사람은 없습니다. 폐하께서는 자신보다 더 사랑스러운 사람이 있습니까?"라고 되묻는다. 왕 역시 "나 역시 나 자신보다 사랑스러운 사람은 없소"라고 대답한다. 붓다는 이에 대해 이런 시구를 읊어 남기신다.

마음이 어떠한 곳을 돌아다니더라도

자기보다 더 사랑스러운 것을 찾지 못하듯

다른 사람에게도 자기는 사랑스러우니

자기 자신을 위해 남을 해치지 말라.[4]

이 시구에 우리가 자신과 타인을 어떻게 대할 것인지에 대한 명확한 가이드가 숨겨져 있다. 먼저, 이 세상 어디에도 나 자신보다 사랑스러운 존재는 없다는 것을 완전하게 이해해야 한다는 점이다. 즉 자신에 대한 사랑을 온전히 길러냈는지가 모든 것의 기반이 된다. 자기 자신에 대한 사랑과 타인에 대한 사랑은 연동되어 있으므로 자신에 대한 사랑을 제대로 길러낸 자만이 타인과의 관계에서도 비로소 사랑을 발휘할 수 있다는 해석이 가능하다.

자애수행(慈愛修行, Mettā Bhāvanā)은 이렇듯 자신에 대한 사랑을 온전히 길러낼 것을 요구하는 붓다의 주요 가르침 중 하나이다. '사랑할 자(慈)', '사랑할 애(愛)'를 써서 '자애(慈愛)'로 번역된 '메타(Mettā)'는 자신의 사랑스러움을 다시 일깨워주는 의미로 일컬어진다. 이는 우리 자신에게서 스스로 사랑스러움을 발견하고자 하는 내면의 자세이자 태도이고, 불교적 맥락에서 사무량심(四無量心)의 가장 근원적 토대가 되어준다.* 오랫동안 부단히

(헤아림의 문 너머)

노력하고 최선을 다해 결과물을 보여주고자 고군분투하며 살아온 나에게 자애수행의 존재는 실로 충격적인 것이었다. 나는 분명히 나를 사랑하는 사람이라고 믿어오며 수십 년을 살아왔는데, 그 본질적인 사랑의 마음을 내가 스스로 일으켜보거나 실체를 경험한 적이 없다는 것에 충격을 받지 않을 수 없었다. 내가 나를 사랑하는 건 당연한 것이 아닌가 생각했지만, 나는 많은 순간 그저 다른 사람들에게 인정과 사랑을 받고 싶어서 나를 끊임없이 몰아쳤던 것인지도 모르겠다. 인정과 사랑만 받아도 시원찮은데 나를 공격하는 소리를 들으니 참을 수 없던 것은 당연한 귀결이었으리라.

처음으로 자애명상을 수행하던 순간이 아직도 생생하다. 나의 명상 스승은 이렇게 말했다. "우리가 우리 자신을 사랑하고 애틋하게 생각하는 마음은 희미하고 순간적인 감정 상태가 되기 쉽다. 그러니 그 사랑의 마음을 언어를 통해 구체화하고, 그것을 통해 의도적인 마음의 힘을 키우고 불러일으켜라."

* 사무량심(四無量心)은 자무량심(慈無量心), 비무량심(悲無量心), 희무량심(喜無量心), 사무량심(捨無量心)을 일컫는다. 사랑, 연민, 함께 기뻐함, 구별하지 않음을 바탕으로 한 평온이 사무량심의 네 가지 마음으로 각박한 현대사회를 살아가는 우리 모두에게 깊은 시사점을 던져주는 마음의 항목들이다.

"내가 모든 위험에서 벗어나기를."

"내가 정신적 고통이 없기를."

"내가 육체적 고통이 없기를."

"내가 건강하고 행복하기를."

경전의 전통적인 방식에서는 이렇게 네 가지의 문구를 가지고 마음의 힘을 키우고 사랑을 길러낸다. 처음에는 5분 정도로 시작하여 집중하는 마음과 자비의 마음이 커지면 자비(慈悲, 자애와 연민을 합쳐서 이르는 말)수행만으로 한 시간을 지속할 수 있을 정도로 힘이 좋아진다. 물론 중간에 마음이 다른 곳으로 달아나기도 하지만, 그런 순간에조차 자신을 채근하지 않고 부드럽게 문구로 돌이켜 오는 과정까지도 자비수행의 과정이다. 자신에게 돌아오는 여정인 것이다.

그저 자연스러운 호흡을 하며 마음에 자애의 문구를 일어나게 하여 그 문구에 간절함을 담아 외는 과정에서 내면 깊숙이 존재하던 사랑의 마음은 선명하게 떠올랐다. 때로는 울컥하는 마음으로, 믿을 수 없을 만큼 부드러운 호흡과 가슴의 느낌으로, 오랫동안 연락을 끊고 지냈던 소중한 친구와 다시 손을 맞잡는 그런 느낌으로, 뜨거운 눈물로도 나 자신을 향한 자비는 그 모습을 드러냈다. 자비수행만 시작하면 눈물이 쏟아지고, 답답함과 편

(헤아림의 문 너머)

안함이 공존하는 몇 주의 시간이 지나고 나서야 더 이상 뜨거운 눈물을 흘리지 않고 평온한 마음으로 자비의 문구를 반복할 수 있게 되던 날, 알았다.

'이제야, 나를 사랑하게 되었구나.'

자비수행은 끊임없이 스스로를 채찍질해온 나에게 내미는 화해의 손길이었다. 나는 그렇게 나 자신과 뜨겁게 손을 맞잡았다.

마음이 이전과는 비교할 수 없을 정도로 편안해지고, 친절한 마음을 바탕으로 더는 자신에게 부정적인 말을 하지 않게 된 것은 끈질긴 자비수행을 통해 내가 얻은 명확한 이득이다. 거기에서 나아가 다른 사람을 향한 나의 갈구 역시 돌아보게 되었다. 못내 타인의 사랑을 갈구했던 것은 단순히 외로움의 문제가 아니라 내가 나 자신을 진심으로 사랑한다는 자각이 없었기 때문은 아니었을까. 미국의 수행 지도자인 샤론 샐즈버그(Sharon Salzberg)가 표현한 대로, "자신의 사랑스러움을 스스로 다시 일깨우는 자애"[5]의 수행을 경험한 후 나는 더 이상 타인에게 내가 사랑스러운 존재임을 증명해달라고 요청할 이유가 없게 되었다. 내가 내면에서 일깨운 사랑으로 충분했기에 나를 제발 사랑해달라고 요구할 이유가 사라진 것이다. 혼자 있을 때 훨씬 더 편안해졌고, 강의나 방송 녹화 전에 긴장되던 마음이 완전히 사라졌다. 스트레스를 받았을 때 음식을 몇 개씩 시켜놓고 허겁지겁 먹던 파괴적인 습관도 내려놓게 되었다. 자비수행을 하지 않았다면, 나는 나 자신을 편안하게 대하는 법을 영원히 알지 못했을 것이다. 성공과 사랑을 끝없이 갈구하며 평생을 목마른 인간으로 살았을 것이다.

자비수행은 삶의 기본모드를 바꾸는 일이다. 내 안에 존재하지만 제대로 길러낸 적 없는 그 사랑의 힘을 일깨우기 시작하는 순간, 삶에는 고유하고 청정한 기쁨이 매 순간 피어난다. 기뻐할 만한 조건이 만들어져야 기뻐하는 것이 아니라 삶의 모든 순간에서 기쁨을 발견할 수 있는 눈이 열리는 것이다. 그래야 나 자신에 대해, 타인에 대해, 삶에 주어진 모든 조건에 대해 생생하게 느끼고 그 안에서 자족할 수 있게 된다. 나는 매일 이것을 느낀다.

'나는 충분히 좋은 존재이다.'
'나는 이대로도 완전하다.'

누구도 내게 해준 적 없는 말이 내 안에서 퍼져 나오자 나를 미워함에서 온 결핍은 사라졌다. 그래, 이것으로 정말 충분하구나.

(헤아림의 문 너머)

프랑스의 수학자이자 철학자인 블레즈 파스칼(Blaise Pascal)은 "인간의 모든 문제는 방 안에 혼자 가만히 있지 못하는 것으로부터 시작된다"고 말했다. 삶이 도무지 어디로 가는지 알 수 없을 때, 그때 우리가 해야 할 일은 그저 방 안에 혼자 앉아서 내면의 상태를 헤아려보는 것이다. 헤아림의 문은 오직 우리가 우리 자신에 대한 근원적 사랑의 마음을 불러일으키려고 할 때 열린다. 자애는 이렇게 우리 자신의 닫혀 있던 부분을 여는 열쇠이며, 우리 자신을 하나의 만개한 꽃처럼 피워내는 힘이다.

지금 이 순간, 잠시 눈을 감고 자비의 마음에 접속할 것.
자신을 사랑하기를 원하지만 사랑할 줄 모르는 모든 이에게
가장 필요한 연습이다.

● ──────── 자신을 사랑하는 마음을 일으킨다는 것은 어떤 사람에게는 몹시 어색하고 어렵게 느껴지는 일일 수 있다. 남을 사랑하는 것에는 익숙하지만 자신을 사랑하는 일에는 어려움을 느끼는 사람들. 그 어색한 느낌이 당황스러워 이 연습을 멀리하거나 포기하고 싶을 수도 있다.

하지만 이 점을 중요하게 생각해봐야 한다. 나에게 없는 것을 어떻게 남에게 줄 수 있겠는가를. 나를 향한 사랑의 마음을 일으키지 못하는 채로 타인에게 주는 사랑은 온전하고 충만한 사랑일 수 없다. 그것은 단지 기대이고, 욕망이며 "내가 너를 사랑할 테니, 너도 나를 사랑해줘"라고 말하는, 일종의 거래일 뿐이다.

(헤아림의 문 너머)

대부분 혼자이지만
꽤 괜찮습니다

관계에 대한
집착으로부터의
해방

아주 오래전의 일이지만, 내게 생생하게 기억나는 어떤 장면이 있다. 아마도 초등학교 3학년, 혹은 4학년 때의 일인 것 같다. 봄에서 여름으로 넘어가던 그날은 날씨도 맑았고, 학교 공부도 괴롭지 않았던 그런 날이었다. 주머니에는 100원짜리 동전이 다섯 개가 있었고, 나는 네다섯 명 정도의 같은 반 친구들과 함께 교문을 나서는 참이었다. 나는 용기를 내어 친구들에게 말했다. "내가 아이스크림 사줄까?" 내 말에 친구들은 모두 환호했고, 우리는 슈퍼와 문구점이 합쳐진 구멍가게 앞에 멈추어 서서 아이스크림 냉장고를 열었다. 하얀 포장지 위에 토끼 비슷한 캐릭터가 그려져 있던 50원짜리 보라색 하드, '깐도리'를 하나씩 손에 들었다. 발걸음은 가벼웠고, 콧노래가 절로 나왔다. 다 같이 신나서 놀이터로 걸어가는 길, 초여름의 햇살은 생각보다 뜨거워 깐도리가 녹아 손에 보라색 물이 뚝뚝 떨어졌지만 우리는 그것마저도 웃기고 재밌었다.

정글짐에서 술래잡기 놀이를 하고, 땅따먹기를 할 납작한 돌을 고르면서 어린 나는 시간이 영원히 흐르지 않기를 바랐는지도 모른다. 통금 시간이었던 5시를 넘겨 부모님 가게로 돌아가면 아버지에게 혼이 날 게 뻔했지만 그날만큼은 어쩐지 그 두려움보다 친구들과 함께 있고 싶다는 마음이 더 컸다. 5시에 애국가가 온 동네에(1971년 3월부터 1989년 1월까지 시행되었던 국기하강식에 의해) 울려 퍼진 후로도 한참 동안 우리는 시간 가는 줄 모르고 놀았다.

나이가 들어서일까? 유년의 날들은 여러 겹의 진공 포장지 속에 박제된 낡은 물건처럼 느껴진다. 아무리 떠올려보려고 해봐도 기억은 둔탁하고, 내용을 알 수 없다. 하지만 저 '깐도리의 날'만큼은 가끔씩 너무도 생생하게 떠오른다. 내성적이라 말수가 없어 이래저래 즐거운 기억이 그다지 많지 않았던 내 초등학생 시절, 친구들과 깐도리를 함께 나눠 먹고 깔깔대며 웃었던 한 날의 오후가 내 몸과 영혼에 깊이깊이 새겨진 것일까. 어쩌면, 그 이후

(헤아림의 문 너머)

로 그렇게까지 즐겁게 친구들과 놀았던 적이 없었던 까닭일까.

친구라는 단어는 참 소중하다. 삶의 다양한 장면에서 우리는 친구와 함께 길을 걸어가기 때문이다. 같이 재미있는 영화를 보러 가고, 맛집을 찾아다니고, 속상한 일이 있으면 격의 없이 고민을 나눈다. 그러다 코드가 맞아 대화가 잘 통하고 서로의 기념일에 친절과 따뜻함을 선물하는 사이가 되면 그 관계는 조금 더 특별해진다. 마음에서 '이 친구는 좀 더 특별하고 더 소중해'라는 감정이 우러나면 부모에게도 말할 수 없는 내밀한 이야기를 털어놓으며 깊은 위로를 주고받는 사이가 된다. 서로 피 한 방울 섞이지 않은 사이지만, 어떤 친구와는 정말 피를 나눈 형제자매보다 더 가까운 사이가 되기도 한다.

하지만 친구라는 단어는 우리에게 복잡한 양가감정을 일으키기도 한다. 친구에게 너무 많은 것을 스스럼없이 내어 보였다면, 그 관계를 위해 열심히 노력했다면 이 양가감정은 더 강하게 일어날 조건을 갖추게 된다. 내가 들인 노력이나 자원이 클수록, 기대가 커져 있을수록 위태로워질 확률은 높아진다. '나는 너에게 이렇게까지 했는데, 어떻게 너는 내게 이렇게밖에 해주지 않는 거니?'라는 마음, '역시 나는 너에게 그저 그런 친구 중 하나인가 봐'라는 생각이 몇 차례 마음을 휩쓸고 지나가면, 이 관계를 강제로 종료해서라도 내 괴로움을 줄이고 싶다는 생각만이 남게 된다.

생각해보면 내 우정의 결말은 항상 이런 식이었다. 사람을 만나면 쉽게 정을 주었고, 그 사람과의 시간이 너무 좋고 소중하다는 생각이 들면 항상 상대와의 관계에 전력투구하는 것으로 내 애정을 더욱 견고히 했다. 늘 마음속에는 사람에 대한 그리움이 있었지만 먼저 다가가는 성향이 아니어서인지 나에게 먼저 다가와주고 마음을 열어주는 사람이 있으면 그렇게 고마울 수가 없었다. 그런 마음으로 관계에 매진하는 날이 지속되면, 우정을 쌓은 지 몇 달이 되었든 몇 년이 되었든 상관없이 결국은 서운해할 만한 상황이 일어나버렸다. 그 마음을 드러내지 않으려고 참아보기도 하고, '내가 더 노력하면 상대방도 알아주겠지?' 하며 더 잘해주기도 해보았지만, 항상 결말은 비슷했던 것 같다. '내가 아무리 노력해도 너는 나의 가치를 잘 알지 못하니, 그냥 이 관계를 끊어내는 편이 좋겠어'라는 결말이었다. 비단 우정뿐이랴, 만나고 헤어졌던 연인과의 관계도 대부분 이런 식으로 뻔한 엔딩을 맞았다.

많은 친구들이 내 인생에 다가왔다가 사라지는 과정 속에서 나는 참으로 혼란스러웠다. 남들은 다 친구가 많아 보이고 즐거워

(헤아림의 문 너머)

보이는데, 나는 왜 진정한 친구 하나 만드는 일이 이렇게 어려운 걸까 원망하면서. 그런데 내가 30대 후반으로 넘어오면서 그 혼란에 한 가지 어려움이 더 얹어졌다. 학창 시절만큼 자주는 아니지만 그래도 종종 만나 밥도 먹고 술도 먹고, 서로에게 틈틈이 이런저런 선물도 챙겨줄 만큼 가까운 친구들조차도 어느 순간 확 멀어지는 상황이 자주 생겨났다. 친구들이 결혼을 하고, 아이를 낳을 때마다 그 거리는 빛의 속도로 멀어져갔다. 동성 친구이든 이성 친구이든 사적으로 만난 친구이든 일하다 알게 된 친구이든 상관없이 그렇게 됐다. 싱글 라이프의 고단함을 이야기하기엔 내 친구의 고부갈등은 너무 거대한 주제였고, 어느 순간 저녁 6시가 넘으면 그것이 아무리 업무적인 용건이라고 할지라도 친구의 아내가 불편해할까 봐 연락을 하지 못하게 됐다. 맛있는 고깃집을 알게 되어도 같이 갈 친구가 없어서 배달 음식을 시켜 먹고, 문득 전화로 수다를 떨고 싶어 친구에게 전화를 걸었다가 친구는 나보다 산후조리원 동기와 더 공유할 게 많다는 것을 느끼는 날이 많아졌다.

나이가 들수록 친구를 만나고 그 관계를 이어가는 일이 어려운 것은 왜일까. 사람을 만나는 것을 좋아하고, 또한 언제나 좋은 우정을 꿈꿨지만 내 인생에 있어 친구라는 영역은 참 쉽지 않았던 것 같다. 하지만 삶과 마음의 심연을 들여다볼 수 있게 되니,

내가 왜 이 문제에 여전히 서툴고 삐걱거림을 느끼는지 알 수 있었다. 개인적인 차원에서, 나는 내가 만나는 사람에 대해 스스로 많은 기대를 일으키는 사람이었다. '내가 이렇게 했으니, 너도 이렇게 해주었으면 해'라는 기대를 마음속에 가득히 품고서 그것이 내가 원하는 방식으로 돌아오지 않으면 상처 입었다고 느꼈던 것이다. 얕은 사귐보다 한 사람을 깊게 알아가는 것을 원했던 내 바람은 이런 식으로 쉽게 변질되었다. 모든 것은 내가 친구의 일 순위가 되어 가장 소중한 존재로 인정받기 원하는 마음 때문이었다. 마음이 행복을 만들고, 마음이 행복에 집착했으며, 마음에서 미움이 일어났다.

하지만 상대방은 내가 아니기에, 내가 원하는 대로 행동해줄 수 없다. 가끔은 내가 바라는 행동을 해주겠지만 관계가 깊어질수록 그렇지 못한 행동을 할 확률도 높아진다. 작고 큰 모든 순간에 기대가 개입하여 정답을 정해두면 그 사람의 반응은 오답이 되기 마련이다. 그때마다 나는 나 자신에게 담담히 물었어야 했다.

'이러한 기대를 갖고 있는 것이 내 욕심은 아닌가?'
'이 욕심을 채우지 못하는 것이 나에게 어떤 문제가 될까?'
'이 관계에서 내가 정말 원하는 것은 무엇인가'라는 질문들을.

〔 헤아림의 문 너머 〕

친구 관계를 이어가기가 어려운 이유는 개인적인 차원뿐만 아니라 삶 자체가 가지는 시간의 궤적 차이 때문이기도 할 것이다. 학창 시절에는 반이 바뀔 때마다 새로운 친구를 사귈 기회가 주어졌고, 그냥 아는 사이라도 친구라고 이름 붙일 정도로 친구는 우리에게 열린 존재였다. 하지만 학창 시절이 끝나면 친구는 찾아야 하는 존재가 된다. 일터에서 어렵게 만든 친구는 비슷한 환경에서 자란 학창 시절 친구와는 달리 나름의 이해관계가 형성되어 있어 마냥 허물없이 대하긴 힘들다. 그래서 그리운 마음에 예전 친구를 다시 찾아가면, 어느새 삶의 궤적이 달라져 있어 공감대가 벌어져 있음을 발견하게 된다. 한쪽이 연애와 결혼같이 인생의 커다란 정류장에 머물면 관계는 또다시 거리가 조정된다. 공유할 것이 줄어들고, 이해보다는 오해와 서운함이 자리 잡는다. 시간, 돈, 마음의 에너지를 투자해서 따로 만나야 하는 친구라는 존재가 그다지 도움이 되는 것 같지 않다고 느껴질 때 마음속에서는 부지런히 계산기가 돌아간다. 손익계산 끝에 마이너스가 붙으며 '내가 굳이?'라는 생각과 함께 관계 정리에 들어가기에 이른다.

삶의 궤적은 계속 변한다. 나의 마음도 변한다. 학창 시절, 가방을 던져놓고 아이스크림을 같이 사 먹으며 깔깔거리던 일 같은 것은 삶에서 소원한 사건이 되지만, 이것은 마땅히 흐름에 맞는 일이다. "나는 친구가 왜 없을까?" 어쩌면 이 한숨 섞인 질문은 대단히 특별할 것이 없는 질문이며, 그저 삶의 어느 시기에는 반드시 맞닥뜨리게 되는 것이 아닐까 한다. 물론 주변을 보면 정말로 친구가 많은 사람도 있다. 그런 사람을 보면 상대적으로 고립된 느낌이 들 수도 있다. 하지만 연락처에 셀 수 없이 많은 이름이 있다 한들, 누가 이 문제로부터 완전히 자유로울까? 친구들로부터 연락이 끊이지 않고, 자주 모임을 갖고, 동반 여행을 떠나고, 인맥이 화려한 사람이라고 해서 그로 인한 결핍감이 없다고 말할 수 있을까? 친구가 많고 일정이 많은 것은, 단지 친구가 많고 일정이 많은 것뿐이다. 친구가 많고 일정이 많은 것이 곧 인생의 행복과 관계로부터 채워지는 충만함의 증거라고 해석할 수는 없다. 당신이 진정으로 원하는 것이 무엇인지 다시 한번 생각해보라. 단지 일정이 많고 만날 사람이 넘쳐나는 그 어떤 것인가?

인생에서 진정으로 필요한 것은 수다의 상대도, 유희의 동반자도 아니다. 우리는 심연의 깊은 어떤 것들을 소통할 수 있는 귀한 사람, 내 기쁨과 슬픔의 순간들에 자신의 삶을 포개어 진심으로 함께 기뻐하고 슬퍼할 수 있는 존재, 나의 겉모습만 보고 평가하는 사람들 속에서 나의 내밀한 것을 볼 수 있는 그런 사람을 원한다. 단지 먹고 놀고 떠들 상대가 없어서 우리가 외로움을 느끼겠는가?

(헤아림의 문 너머)

나이가 들면, 친구의 의미에 대해 재정의가 필요하다. 단지 나의 비어 있는 시간을 채워줄 사람을 찾는 것은 우리가 어리고 관계에 미숙할 때에도 늘 하던 일이다. 삶이 어디로 향할지 도저히 알기 어렵다고 느꼈던 10대와 20대에 친구를 찾고 선택하던 방식을 더는 지속할 수 없다는 것을 깨달을 때, 우리는 타인과 세계로 향하는 새로운 궤적을 그릴 수 있게 된다. 그리고 이 새로운 궤적을 그려야겠다고 다짐할 때, 기존과는 다른 인연이 등장하고, 그때 만난 친구들이 '인생 후반부 친구'로 정해지는 것이다. 그러니 "나는 친구가 많아"라고 자부할 것도 없고, "나는 친구가 없어"라고 자책할 필요도 없다. 우리가 해야 할 일은 따로 있다. '이 유한하고 한정된 인생에서 나는 어떤 친구들과 어떤 관계를 맺고 살아가기 원하는가?'라는 질문을 던지는 것이다. 친구들과 갖는 모임에서 의미 없는 수다나 묘한 경쟁심만 경험하고 있지는 않은지, 편안함도 이해받는다는 느낌도 딱히 없지만 이 친구들이라도 없으면 안 될 것 같은 두려운 마음에 관계를 이어가고 있지는 않은지, 내가 이 친구들과의 관계에서 진짜로 주고받고 있는 것은 무엇인지 생각해보아야 한다.

초기경전의 핵심적인 가르침 중에서 팔정도(八正道, the noble eightfold path)는 친구라는 관계에도 적용해볼 수 있다. 팔정도의 길 중 하나인 '바른 말(정어, 正語)'은 관계 안에서 주고받는 말이 어떠해야 하는지를 다룬다. 이는 네 가지 좋지 못한 말을 하지 말라는 구체적인 방법으로 전수되는데, 거짓말, 모함하는 말, 거친 말, 쓸데없는 말을 금하고 있다. 여기에서 내가 인상적으로 본 것은 바로 네 번째의 '쓸데없는 말'이다. 어제 본 예능 프로그램에 대해 수다를 떠는 것, 상대방이 들으면 기분 나빠질 것을 알면서 은근히 던지는 말, 관심이나 호의 없이 선 넘는 사적인 질문을 하는 것, 이 모든 대화들이 쓸데없는 말에 속한다고 말할 수 있다. 친구와 만나고 집으로 돌아오는 길에 어떤 대화를 나눴는지 속으로 복기해보면 아마도 쓸데없는 말을 상당히 많이 나눴음을 깨닫게 될지 모른다. 초기경전은 자신이 하는 말을 확실히 단속하지 않는다면 자신의 삶도 단속할 수 없음을 명확히 하고 있는 것이다.

우리는 얼마나 많은 순간 이런 대화를 주고받으며 서로를 대해 왔을까? 지금 관계 맺고 있는 사람들에게 나는 얼마나 '바른 말'을 전하는 사람으로 살아가고 있을까? 거짓말, 모함하는 말, 거친 말, 쓸데없는 말을 하지 않고 살아내는 날이 얼마나 있나? 친구가 많아지기를, 외로움이 없기를 바라기 전에 우리가 해야 할 진짜 질문은 바로 이것이다. 이 질문에 답하지 못한다면, 지구 위의 모든 사람을 친구로 삼는다 해도 그 관계에서 우리가 겪을 것은 오직 고통일 것이기에.

(헤아림의 문 너머)

깐도리를 함께 까 먹고 정글짐에서 뛰어놀던 그 친구들은 지금쯤 어디에서 어떻게 살아가고 있을까? 가끔 이름도 기억나지 않는 그 존재들의 안부가 궁금하다. 스스럼없이 오후 한나절을 같이 보내며 웃길 것도 없는데 떠나가라 웃던 어린아이들은 이제 사라지고 없지만, 잊지 못할 우정의 어떤 순간을 경험하게 해준 그때의 모든 우연에 애틋함과 고마움을 가지고 있다. 다만, 남은 삶에는 내게 이와 완전히 다른 우정의 관계가 생겨나고 머물길 발원한다. 아름다운 말을 주고받고, 서로의 성장을 독려하며, 기대도 큰 실망도 하는 일 없이 서로의 내면을 받아들여주는 어떤 존재를 만날 수 있기를 소망한다.

그러나 이 바람에는 그 어떤 조급함도 갈애도 없다. 내가 누군가에게 그런 존재가 되어줄 수 있을 때, 그런 존재가 내게 올 것이기 때문이다. 그런 존재가 영영 내게 나타나지 않는다 해도 나는 나의 가장 좋은 친구가 되어줄 것이기 때문이다. 나는 이미 나의 좋은 친구이니, 이번 삶에 그 어떤 도반(함께 도를 닦는 벗)을 만나지 못한다 한들 그것이 나에게 슬픔을 불러일으키지는 못할 것이다. 기쁨에도 집착하지 않고, 슬픔에도 머물지 않는 지금의 혼자도, 눈물 나게 좋다.

잘못을 지적하는 님,

꾸짖어 충고하는 님, 현명한 님,

숨겨진 보물을 일러주는 님을 보라.

이러한 현자와 교류하라.

그러한 사람과 교류하면

좋은 일만 있고 나쁜 일은 없으리.

악한 벗과 사귀지 말고, 저속한 사람과 사귀지 말라.

선한 벗과 사귀고, 최상의 사람과 사귀어라.

치수자는 물길을 끌고

화살을 만드는 자는 화살을 다듬고

현명한 님은 자신을 잘 다룬다.

아주 단단한 바윗덩이가

바람에 움직이지 않듯,

이와 같이 현명한 님은

비난과 칭찬에 흔들리지 않는다.

_《법구경(Dhammapada)》[6]

"'오로지 내가 행한 것이다'라고 여기고

어떤 일이든 해야 할 일이나 하면 안 될 일도

'오로지 나의 지배 아래 있어야 한다'라고 생각한다.

어리석은 자는 이렇게 생각하니

그에게 욕망과 자만이 늘어만 간다."

_《법구경》[7]

내 신념은
언제나 옳은가?

비합리적
신념으로부터의
해방

나는 열심히 살아가는 사람인가? 살아오면서 특별히 게으름을 피운 적 없고, 늘 성실히 다음 목표를 성취하려 애썼고, 예기치 않은 일이 닥치면 그 어려움을 극복하기 위해서 온 힘을 집중해 위기를 벗어났으니 나는 확실히 열심히 살아온 사람이 맞다.

하지만 나는 나를 정말로 사랑하는 사람인가? 나 자신에게 좋은 사람인가? 이 질문 앞에서는 답을 주저하게 된다. 열심히 살았다고 해서 꼭 그 삶을 사랑했다고 말할 수는 없기 때문에 그렇다. 자신을 충분히 좋아하지 않아도, 자신을 정확한 방법으로 아끼지 못하는 사람도 열심히 사는 것은 가능하다. 문제는 우리가

(헤아림의 문 너머)

이 두 가지를 섞어서 생각하고, 열심히 살면 그것으로 충분하다고 생각한다는 점에 있다.

몇 년 전, 자주 걷던 공원에서 산책을 하다가 나는 뜻밖의 경험을 하게 되었다. 좁은 산책로라 양쪽으로 일렬로 사람들이 오고가는 길을 혼자 걷고 있던 중이었다. 좁은 산책로에는 혼자 걷는 사람뿐 아니라 둘, 셋이 함께 걷는 이들도 많았다. 규칙대로 모두가 우측통행을 하면 서로 방해되지 않아 좋았겠지만, 어떤 사람들은 좌측통행을 하고, 어떤 커플은 반대편에서 걸어오는 내가 전혀 보이지 않는다는 듯 산책로의 폭을 다 쓰며 걸었다. 혼자 호젓하게 산책을 하고 싶었던 터라 빈 공간을 놔두고 내 앞으로 걸어오는 사람들의 존재에 점점 마음의 동요가 일어났다.

'어째서 우측통행이라는 룰 하나도 제대로 안 지키는 거지?'
'대체 왜 내가 길을 비켜야 한다는 듯이 구는 거지?'
'왜 배려하지 않는 거지?'

공원 한편에 분명히 우측통행 안내 표시가 버젓이 적혀 있었는데도 불구하고, 좌측통행을 하거나 산책로 전부를 차지하고 걸어가는 사람이 많아도 너무 많았다. 짜증스러운 부딪힘이 계속 이어졌고, 내 마음속 목소리는 점점 커졌다. 이젠 멀리서 사람이

다가오는 것만 봐도 짜증이 일었다. 스트레스를 풀자고 나온 산책이 오히려 더 큰 스트레스가 되어 그것에 잠식되는 것이 느껴졌다. 그날 나는 산책을 더 이상 하지 못하고 집에 돌아와버렸다.

우측통행이라는 서로 간의 약속을 지키지 않은 사람 때문에, 나란히 걷기 위해 혼자 걸어가는 사람의 앞길을 막아버리는 사람들 때문에 불편함을 느낄 순 있다. 이 정도 상황에 그 정도의 불편함을 느끼는 것은 문제가 되지 않는다. 하지만 그 상황에 나는 분명 머리끝까지 화가 나, 원했던 산책을 더는 하지 못할 정도가 되어 있었다.

불편함은 왜 불쾌함으로 번졌나?
불쾌함의 근원에는 무엇이 존재하는가?

집으로 돌아오는 길에 이 문제에 골몰했다. 왜 이렇게까지 내가 화가 나는지 알고 싶었다. 생각에 생각을 거듭한 끝에 오늘의 순간 어딘가에 내 인생의 오랜 고통이 숨어 있음을 보게 되었다.

합리적 정서행동치료를 창안한 미국의 심리학자 앨버트 엘리스(Albert Ellis)는 비합리적 신념이라는 표현으로 우리의 고통의 기원을 설명한다. 신념은 신념이지만, 그것이 너무 완고하고 비

현실적, 비합리적이라 우리의 삶을 더 큰 긴장과 갈등으로 몰아넣는다는 것이다. 비합리적 신념은 특정한 형태로 되어 있는데, "나는 반드시 유능해야만 해(당위적 사고)", "이건 옳고, 저건 무조건 틀려(이분법적 사고)", "이렇게 되다니, 난 망했어(지나친 과장)" 등을 그 예로 들 수 있다. 이 비합리적 신념은 내면에서 자기 독백(진술)의 형태를 통해 더욱 강화되는 경향이 있다. 스스로 비합리적 생각을 일으켜 '내가 옳다'는 생각으로 가득 차게 된 자기 자신에게 질의하고 답하는 대화 과정을 거쳐 그릇된 신념을 부풀려 경직성을 키워가는 이 일련의 행위는 그 자체로 삶을 고통으로 몰고 가는 일이 된다.

그날의 나는 우측통행을 하지 않는 사람들을 충분히 비켜 갈 수 있었다. 사람들이 다니지 않는 한산한 길로 산책을 이어갈 수도 있었다. 하지만 그렇게 선택하지 않았다. 나는 올바르게 행동하고 있는데 저 사람들이 틀렸다는 생각에 사로잡혀 오히려 불편감과 불쾌감을 키우는 선택을 했다. 아마도, 그렇게 하면 내가 옳은 사람이라는 감각을 더 느낄 수 있기 때문이었을 것이다. 그로 인해 한낮의 고운 햇살을 만끽하지 못했고, 두 다리는 땅을 딛는 몸의 감각으로부터 소외되었다. 그 순간 나는 몸을 떠나 오직 불쾌한 생각만 남은, 방황하는 마음 그 자체가 됐다. 공원을 떠나 마음이 진정될 때까지 나는 사람들이 나를 화나게 만든 것이 아니라 내가 나를 화나게 만들었다는 것을 인지하지 못했다. 그리고 인정해야만 했다. 아마도 이런 식으로, 나는 내 삶의 순간들을 수도 없이 망쳐왔을 것이라는 사실을.

얼마나 많은 순간, 내가 옳다는 생각에 사로잡혀 상대에게 분노했나? 얼마나 많은 순간, 내가 원하는 대로 일이 풀리지 않을 때마다 이럴 수는 없는 일이라고 마음속으로 비명을 질렀나? 행복하기를 바라면서도, 나는 얼마나 스스로를 경직되고 완고한 생각 안으로 밀어 넣고 자신을 괴롭혔나?

삶을 사랑하는 방법은 어렵지 않다. 내가 일으킨 생각을 그대로 따르는 것이 아니라 그것이 내가 일으킨 생각이라는 것을 볼 수 있으면, 욕망과 자만은 잠잠해지고 그것이 삶의 고단함을 잠재우게 된다. 그리고 그 욕망과 자만이 잠들고 나면 고요한 내면에 비로소 나를 제대로 사랑할 수 있는 마음이 손님처럼 찾아든다. 나를 성찰하는 모든 과정의 면면이 나를 사랑하는 길과 맞닿아 있다. 이것을 알아채지 못하면 삶의 불편한 모든 순간은 이내 불쾌한 순간으로 바뀌어 스스로를 불편한 사람으로 기능하도록 한다. 내가 나를 괴롭히면 내가 나 자신과 맺는 관계가 편안할 수 없다. 열심히 살았을지는 모르지만, 마음속 깊은 곳에는 늘 알 수 없는 불편한 공허가 있는 이유다.

(헤아림의 문 너머)

하루 중 얼마나 많은 시간을 자신이 일으킨 생각에 휩싸여 살아가고 있을까? 그 시간과 삶의 공허는 비례하지 않을까? 내 신념은 언제나 옳은가? 내가 지금 느끼는 것은 언제나 당연하고 온당한가? 내 생각이 틀릴 수도 있다는 것을 받아들일 때, 또한 세상의 중심에서 나를 물러나게 할 수 있을 때에야 비로소 내 안의 세계가 불편한 공허에서 놓여나 고요를 맞이할 것이다.

오늘도 동네 공원에서는 어김없이 좌측통행하는 사람들이 내 앞으로 걸어온다. 나는 가끔씩 여전히 '대체 왜 우측통행을 안 지키는 걸까?' 싶은 '우측통행 집착러'이지만, 그래도 이젠 이런 내 비합리적 신념을 바로 알아차리고 슬쩍 멋쩍게 웃을 수는 있게 되었다. 스트레스가 올라오려는 그 순간, 약속된 보도에서는 '반드시' 우측통행을 해야 한다는 비합리적 신념 대신, '모두가 동시에 하나의 룰을 다 지킬 수는 없다'는 유연한 사고로 이동했기 때문이다. 내 완고하고 집착적인 생각을 찰나라 할지라도 목격할 수 있는 힘이 길러지기까지 꽤 오랜 시간이 걸렸다. 그래도 얼마나 다행인가. 삶의 남은 시간 동안 공원을 산책하며 화낼 일이 사라졌으니. 또한, 얼마나 다행인가. 삶의 남은 시간 동안 나의 비합리적 신념으로부터 차차 해방될 일만 남았으니.

●──────── '나는 늘 옳다', 혹은 '옳아야만 한다'라
는 신념은 사고의 경직도를 높이고, 관계의 경직도를
높인다. 화가 날 일이 점점 많아지고, 삶에 대한 불만족
스러운 느낌이 자신의 기본모드가 된다. 탐욕이 성냄을
이끌고, 성냄이 어리석음을 빚는다. 탐진치의 마음*이
내면을 지배하는 한, 인간에게 성숙한 삶도 평온한 삶
도 불가능하다. 기본적으로는 자신이 옳다고 믿는 것을
추구하되, 분노와 불만족스러움이 느껴질 때 그 순간
깨어서 '지금 내 생각에 집착하고 있구나'라고 스스로를
볼 수 있도록 자신을 단속해야 한다.

---

* 초기경전에서 말하는, 번뇌로 가득한 삼독심(三毒心, 탐심(貪心), 진심(瞋心), 치심(癡心)
의 세 가지 마음을 일컫는 말)의 마음. 팔리어로는 지나치게 좋아하고 갈망하는 마음
을 '롭하(Lobha)', 분노하거나 싫어하는 마음을 '도사(dosa)', 어리석은 상태를 일컬어
'모하(moha)'라 한다. 인간의 심리에 대해 현대심리학에서 중요하게 다뤄진 내용들
을 2500년이나 전에 쓰인 초기경전의 곳곳에서 발견하게 된다.

(헤아림의 문 너머)

"'이것은 집착이다. 여기에는 행복이 없다.

이곳에는 만족은 적고 괴로움이 많다.

이것은 낚싯바늘이다'라고 알아,

현자(賢者)는 무소의 뿔처럼 혼자서 가라.

물에 사는 물고기가 그물을 찢는 것처럼,

모든 장애들을 끊어버리고,

불꽃이 불탄 곳으로 되돌아가지 않는 것처럼,

무소의 뿔처럼 혼자서 가라."

_《숫타니파타(Sutta Nipāta)》*8

---

* 소설가 공지영의 1993년 소설의 제목으로 널리 알려진 이 경구는, 붓다의 초기경전 중 대중적으로 널리 알려진 편에 속하는 《숫타니파타》에서 발췌된 것이다. 소설로 도 만들어지고, 연극으로도 공연되어 대중의 인식에는 많이 남아 있는 표현이 되었 으나 강렬한 표현으로 소비된 경향이 있어 경구의 본질적 의미까지 전달되지는 못 한 것 같다.

고독한 밤,
고독한 죽음을 생각하다

두려움으로부터의
해방

마흔이 넘고 나서부터의 일이다. 잠자리에 누우면 가끔씩 이런
생각이 들 때가 있다.

'오늘 이 밤은 참 고요하고 좋은데, 이런 식으로 계속해서 시간
이 흐르고 나면 어쩌면 나의 마지막 밤도 이렇게 혼자인 채로일
까? 지금은 혼자라는 것이 꽤 괜찮지만 언젠가는 혼자라는 것이
버겁게 되는 날이 오겠지.'

다행스럽게도 이 질문은 오래가지 않아 잠잠해진다. 혼자서 잠
드는 쾌적함과 하루 동안 쌓인 몸과 마음의 피로가 이 의문보다

(헤아림의 문 너머)

강하기 때문이다. 또 날이 밝으면, 혼자 맞이하는 이 고요한 아침을 내가 얼마나 사랑하는지를 다시 한번 확인하게 되니 여기까지는 문제 될 것이 없다.

혼자 죽는다는 것에 대해 처음으로 진지하게 생각해본 것은 나에 대한 인터넷 글을 검색해보다가 발견한 어떤 커뮤니티의 게시글 때문이었다. 그 글을 쓴 사람은 나와 일면식도 없는 사람이었지만, 내 죽음에 대해 짧고 강렬한 글을 써두었다. "곽정은은 지금은 화려한 듯 살고 있지만, 언젠가 늙어서 홀로 외롭고 쓸쓸하게 중환자실에 누워서 아이를 낳지 않은 것을 후회할 것이다." 문득, 가슴이 내려앉았다. 살면서 이토록 선명한 적의를 본 기억이 또 있었나. 그 짧은 글을 읽은 것만으로 심장은 사정없이 쿵쾅댔다. 수 초도 지나지 않아 쓸쓸하게 중환자실에 누워 있는 내 모습이 상상되었다. 며칠이 지나도록 그 글이 머릿속에서 떠나지 않았다. 그리고 궁금하기도 했다. 그렇게 날 선 적의를 거리낌 없이 표출하고 글로써 재확인하면서까지 글쓴이가 얻고 싶었던 것에 대해서. 누군가의 마지막이 쓸쓸하기를 간절히 바라야만 했던 그 마음은 어디에서 온 것인지에 대해서.

우리는 살아가면서 다양한 두려움을 겪는다. 천진난만한 아이도 예외가 아니며, 살 만큼 산 노년의 삶에도 두려움은 깊이 침잠해 있다. 사람을 가장 두렵게 하는 것은 무엇일까? 무엇이 우리의 발목에 두려움이라는 두텁고 무거운 족쇄를 묶어두고 점점 아래로, 아래로 침잠하게 할까? 어린 시절에는 부모가 나를 사랑해주지 않을까 봐 두렵고, 젊은 날에는 노력했지만 그에 걸맞은 성취를 거두지 못할까 봐 두렵다. 삶이 행복하다고 느껴질 때에는 이 행복이 끝나버리지 않을까 하는 두려움에, 삶이 고통에 빠져 있을 때에는 이 고통이 영영 끝나지 않을까 하는 두려움에 잠식된다. 하지만 그 모든 두려움 중 가장 원초적이며 궁극적인 두려움의 자리에는 죽음에의 공포가 있다.

죽음에 대해 자주 생각하는 일은 우울증 환자나 자살을 생각하는 사람들에게 해당되는 경우라고 오해하는 경향이 많다. 그러나 죽음에 대한 공포는 그저 사람이라면 당연히 느끼는 보편적인 정서다. 굳이 자주 꺼내어 말하지 않을 뿐, 그러면서 영원히 살아갈 사람처럼 웃고 떠들고 활동할 뿐, 우리는 언젠가 죽음을 맞이해야 한다는 사실을 모두 알고 있다. 그 엄연한 사실이 인간의 가장 원초적인 두려움일 것이다. 그렇기 때문에 죽음이라는 주제를 내면에서 정리해보지 않고는, 죽음을 어떻게 생각해야 할지 그 태도를 정리하지 않고는 생의 진짜 얼굴을 볼 수 없다. 또한 살면서 끊임없이 밀어닥치는 숱한 두려움과 그 부산물에 매번 지고 말 것이다.

(헤아림의 문 너머)

왜 이토록 죽음이 두려운가? 독일 출생의 미국 정신분석학자 에릭 에릭슨(Erik Erikson)은 죽음에 대한 공포가 일어나는 원인을 자신의 삶이 의미 있는 것이 아니었다는 개인적 자각으로 보았다. 스스로 그 사실을 자각하든 그렇지 않든 인간은 의미를 추구하는 존재이기에 자신의 삶이 별다른 의미를 남기지 못하고 마무리될까 봐 두려워하는 마음이 죽음에 대한 공포로 이어진다는 설명이다. 또한 미국의 심리학자 로버트 버틀러(Robert Butler)는 자신의 삶이 가치 있다는 자기 자각이 죽음에 대한 공포를 줄여준다고 주장했다. 그렇다면 사람이 살아가면서 겪는 다양한 두려움들은 결국, '이 삶이 그렇게까지는 의미 있지 못할 것 같아서'라는 거대한 두려움의 원형, 그것의 파편은 아닐까. 삶에서 의미와 가치를 만들지 못하고 있다고 느낄 때 사람은 두려움에 더욱 잠식될 게 분명하다. 에릭슨과 버틀러의 견해를 종합한다면, 죽음에 대한 공포를 자주 떠올리게 되는 사람일수록 죽음 그 자체에 대해 생각하기보다는 지금 내가 살아가고 있는 삶 속에서 어떤 가치와 의미를 추구할지 고민해야 한다는 결론에 이르게 된다.

쉽지 않은 일이다. 어려서부터 부단히 경쟁에 내몰려 살아가고, 남보다 더 유리한 조건을 획득해 경제적으로 잘사는 것이 이데올로기로 깔린 한국사회에서 삶의 의미보다는 성취와 효율이

높은 가치로 여겨지기 때문이다. 그런 사회에서 두려움을 망각
하기 위해 오직 더 많은 돈과 권력을 좇는 것이 현명한 선택처럼
인식되고 있다.

나는 그 어느 때보다도 많은 사람들이 고독사에 대해 두려워하
는 것을 목격하게 된다. 1인 가구의 증가와 함께 고독사가 사회
문제로 대두되고, 언론에서 자주 다루기 시작한 이후로 더 그렇
다. 서른 살이 넘은 싱글 여성들과 두려움에 대한 대화를 나눌
때면 어김없이 등장하는 단어가 바로 '고독사'이다. 자신의 상
태에 대해 솔직하게 말하는 여성들은 "혼자 쓸쓸히 죽어갈까 봐
두렵다"는 말을 꺼냄에 좀처럼 머뭇거림이 없다. 오랫동안 고민
했고, 자주 이를 생각해왔기 때문일 것이다. 혼자서 살아가는 삶
에 대해 충분히 만족하지만, 그래도 여전히 혼자 죽는 것에 대해
서까지 담담해지지는 못했노라 자못 어두운 표정을 짓는다.

그런데 이 걱정은 사실 더 자세히 들여다볼 필요가 있다. 미국
의 임상심리학자 존 홀터(Jon Hoelter)가 죽음에 대한 공포를 측
정하고 분석한 결과에 따르면 죽음에 대한 공포는 단순하지 않
으며 사실 여러 겹으로 되어 있다고 한다. 죽어가는 과정에 대
한 공포, 시체에 대한 공포, 자신에게 중요한 타인의 상실에 대
한 공포, 사후세계에 대한 공포, 때 이르게 맞는 죽음에 대한 공

〈 헤아림의 문 너머 〉

포, 사후 신체 처리에 대한 공포 등이다. 우리는 누구나 자신의 죽음 장면에 대한 다양한 생각과 이미지를 생산하고 그것으로 인해 괴로움과 두려움을 느낀다. 고독사에 대한 뉴스가 나올 때면 혹시 나도 저렇게 되는 것이 아닐까 하고 선명하게 올라오는 두려움을 혼자 사는 이들만 느끼겠는가. 이는 인간이라면 누구나 가지는 공포의 일면이다. 고독하게 죽는 것에 대한 공포는 삶의 세부적인 조건을 바꾼다고 해서 덜어낼 수 있는 것이 아니다. 동반자가 있거나 가족 구성원의 수가 많다고 해서 고독사를 피할 거라는 보장도 없다. 언제 어떻게 태어날지 정할 수 없는 것처럼 언제 어떻게 죽을지도 선택할 수 없다. 그것이 삶의 진실이고, 태어난 이상 받아들여야 하는 전제 조건이다. 고독사가 두렵다는 것은, 사실 욕망의 표현이다. 내 몸과 이별하는 그 순간조차 내가 원하는 대로 다 통제하고 싶은 욕망. 우리는 그렇게라도 죽음을 두려워하는 그 마음의 무게를 덜어내고 싶은 것이다.

좀 더 명확히 하자면, 사실 모든 죽음은 고독사이다. 아무리 사랑하는 연인이나 배우자라 할지라도 함께 죽어줄 수는 없기에 인간의 죽음은 애초에 고독사다. 내가 열심히 노력해 얻은 성공과 권력, 돈 중 그 어느 하나도 가져갈 수 없기에 고독사다. 내가 사랑해 마지않았으며 즐거이 회고했던 수많은 기억도 단 하나 가져갈 수 없기에 고독사다. 우리는 죽음의 장면에서 그 어떤 것도 소유할 수 없고, 그 누구와도 이 죽음을 나눌 수 없다. 수천수만 명이 당신의 죽음을 슬퍼한다고 해도 그 죽음이 외롭지 않을 방법은 없다. 죽음이란 본래 그렇게 되어 있는 것이니까. 본래 그렇게 되어 있는 것이 결국 다가왔는데 내가 조금 쓸쓸하게 죽은들, 나의 거죽이 조금 늦게 발견된다 한들 그게 그렇게 대수일 일인가. 이미 내 존재가 완전히 끝이 난 마당에.

삶의 역설은 바로 이 지점에서 생겨난다. 조절하거나 통제할 수 없다는 이유로 죽음을 두려워하면서도, 의지로 조절할 수 있는 오늘의 삶은 무감하게 흘려보내기 쉽다는 것. 죽음을 맞이할 때에 누군가 극진히 보살펴주기를, 죽음마저 아름답고 평화롭기를 바라는 결코 조절할 수 없는 환상과 욕심을 내려놓는 것이야말로 삶의 고단함을 줄이는 효율적인 방법임에도 우리는 그것을 망각한 채 삶의 끝을 향해 달려간다. 조절할 수 없는 죽음을 걱정하며 조절할 수 있는 삶을 놓치며 그렇게. 죽음의 모습은 죽음의 순간에 정해지지 않는다. 삶에서 어떤 의미와 가치를 추구했는지에 의해 정해질 것이다.

삶의 의미를 성찰하지 않은 이일수록 죽음의 모습에 집착하는 게 아닐까 한다. 어떻게 살아갈지 스스로 결정하지 못한 사람에게 죽음은 인정하기 싫은 비극이 될 수도 있겠다. 죽음을 성찰하

(헤아림의 문 너머)

지 않은 사람에게 삶은 영원한 헐떡거림의 연속이 된다. 물에 사는 물고기가 그물에 걸려 있다면, 그리고 그것을 알았다면 그 삶에서 가장 중요한 과제는 제 몸을 결박하고 있는 그물을 찢고 나와 스스로를 해방시키는 데에 있을 것이다. 이 삶의 의미는 무엇인가. 이 삶은 어디로 향해야 하는가. 당신은 그 두려움을 당신을 더 깊은 괴로움으로 끌고 가는 족쇄로 둘 것인가, 그것을 있는 그대로 보고 스스로를 그물에서 해방시키는 물고기의 날카로운 이빨이 될 것인가. 삶은 매일 우리에게 묻고 있다.

오, 어찌 웃고, 어찌 즐기는가? 언제나 세상은 불타고 있고,
그대들은 어둠에 덮여 있는데 등불을 구하지 않을 것인가?
보라! 아름답게 꾸며진 영상, 상처투성이로 세워진 몸.
고통스럽고 망상으로 찬 것, 영원하지도 견고하지도 않다.
이 영상은 마침내 노쇠하고 질병의 소굴로 쉽게 부서진다.
이 부패한 축적물은 파괴된다. 삶은 죽음으로 끝나기 때문이다.
참으로 가을에 버려진 이 호리병박들처럼
회백색의 해골들이 있다.
뼈로 만들어지고 피와 살로 덧칠해진 도시,
거기에 늙음과 죽음과 자만과 위선이 감추어져 있다.

_《법구경》[9]

● ─────────── 삶은 마지막 순간에 누군가 곁에 있어 주며 그 죽음을 애틋하게 생각해준다고 해서 완성되는 것이 아니다. 다만 마지막 순간이 닥치기 전까지 자신을 얼마나 완성했는지만이 중요하다. 우리가 선택하고 조절할 수 있는 것은 오늘의 삶뿐이다. 지금 이 순간에 현존하는 법을 배워야 하는 강력한 이유다.

(헤아림의 문 너머)

늙어가는 몸을
사랑할 수 있을까?

✳

탐욕으로부터의
해방

여름에서 가을로 넘어가는 계절의 문턱에서 공원을 걷다 문득 이런 생각이 들었다. 내 나이를 계절로 환산한다면, 아마도 이런 늦여름과 초가을 사이의 어느 날이라고 말할 수 있지 않을까. 모든 것이 새롭게 피어났던 봄은 이미 지났고, 치열하고 뜨거웠지만 그만큼의 혼돈으로 가득했던 여름도 지나가고 있다고. 절정의 여름은 더 이상 아니지만 그렇다고 아직 완연한 가을도 아닌 인생의 시기. 여름이 미처 다 지난 것은 아니지만 속절없이 시작되는 가을을 피할 길도 없는 나이에 나는 도착해버렸다.

이 나이쯤 되면 몸의 곳곳이 모든 면에서 아주 조금씩 후퇴하는 것을 감지하게 된다. 그런 경험을 하면 나이 앞자리의 변화보다 진짜 현실적인 '나이 듦'을 실감하게 된다. 거기에는 어떤 예고도, 감지할 수 있는 장치 같은 것도 없다. 원하면 어떤 작은 글씨도 읽을 수 있고, 언제든 달릴 수 있고, 원하는 대로 먹어도 별문제가 없고, 원하는 만큼 잘 수 있고, 원하는 모든 일정을 소화할 수 있던 그 모든 능력들이 매년 조금씩 감퇴해간다. 휴대폰의 글자가 보이지 않는 노안이 찾아왔고, 횡단보도에 파란 신호가 깜박여도 가능한 한 뛰지 않고, 저녁을 과식하면 반드시 소화제의 도움이 필요하며, 중간에 깨지 않고 아침까지 잠드는 일이 드물어지고, 컨디션 난조를 이유로 사적인 일정은 잘 잡지 않게 된다.

그러나 이보다 더 확실하게 늙음을 감지하게 되는 것은 하루에도 여러 번 바라보게 되는 거울 앞에서다. 무리 지어 올라오는 흰머리, 그리고 점점 탄력이 사라져가는 얼굴과 온몸의 피부, 어느새 핏기가 없어진 애매한 색의 입술 같은 것들. 부정할 수 없는 노화의 증거 앞에서 새삼 삶의 길이에 대해 생각하게 된다. 나는 어렵지 않게 결론을 내릴 수 있었다.

이제 내 몸이 더 좋아지는 일은 일어나지 않겠구나.
나는 점점 더 나빠지기만 하는 몸과 살아야 하는 것이구나.

이것이 늙음이구나.

나의 몸, 이제 허물어지기를 시작했구나.

태어난 이상 존재는 모두 늙어간다. 거기에는 어떤 존재도 예외
가 없다. 하지만 늙음을 바라보는 우리의 시각은 지극히 비이성
적이다. 늙는 것을 두려워하는 시각과 늙는 것을 혐오하는 시
각. 두려워서 혐오하고, 혐오하다 보니 더 두려워진다. 대중의
선망과 찬사를 받던 한 스타는 그저 잔주름이 부각된 사진 한
장이 노출되었을 뿐인데 잘못이라도 저지른 양 수많은 꾸짖음
과 탄식을 들어야 한다. 홈쇼핑을 틀어두면, 모든 채널의 쇼호
스트들이 나이 들어 보이는 것이 얼마나 안 좋은지에 대해 목청
을 높인다. 굳이 텔레비전까지 켜지 않더라도 피부과와 성형외
과가 밀집해 있는 거리의 다양한 광고판에서 우리는 우리를 두
렵게 하는 그 이미지들의 한복판에 더 생생하게 노출된다. '비
포 사진'에 남아 있던 노화의 증거를 말끔하게 덜어낸 '애프터
사진'을 보고 조급함을 느끼지 않기란 어렵다. 혹 '나를 위해 이
정도 투자는 해줘야 하는 게 아닐까?'라는 물음이 속에서 일어
난다면 그때에 내면에서 무언가가 빠르게 진행된다. 늙음에 대
한 두려움과 거부가 스스로에 대한 사랑이나 자기 관리 정도로
여겨지는 오해가 발동하였으니, 이제 가장 손쉬운 해결책인 갚
아야 하는 카드값 정도로 수렴하기에 이른다. 시간을 되돌린 것

같은 기쁨과 착각은 잠시, 팽팽해진 얼굴에 어울리도록 또 손볼 곳은 없을지 예리하고 비판적인 눈으로 자신의 온몸을 스캔하기 시작한다. 간단히 주사 정도를 맞던 그 소비 행위는 얼굴의 가장자리를 절개해 위로 옆으로 당겨도 부족함을 느끼는 삶으로 전환된다.

수년 전, 업무차 들렀던 피부과에서 피부를 절개해 뒤로 당겨보라는 권유를 받은 적이 있다. 일 때문에 간 것이지 노화가 고민되어 간 것이 아닌데, 의사는 너무도 자연스럽게 수술을 권유했다. 무섭다고 질색을 하자 그는 이내 설득으로 방법을 바꾸었다. 부드러운 권유에서, 이 시술을 빠른 시일 내에 하지 않는다면 3년쯤 뒤에는 얼굴이 내려앉을 거라는 협박으로 변하기까지는 채 10분도 걸리지 않았다. 긍정적으로 생각해보겠다고 의사를 설득하고 나서야 나는 병원 문을 나설 수 있었다.

나는 궁금했다. 왜 이렇게까지 늙음을 혐오해야 하는지에 대해서, 왜 얼굴을 절개해가면서까지 노화의 증거를 감추고 없애야 하는지에 대해서. 이런 소비의 모든 과정이 단지 자신의 몸을 위해 투자하는 것으로 오해되어도 괜찮은가? 늙어가는 증거를 감추고 없애는 것이 정말로 자신을 위해서 하는 선택인가? 이 선택은 정말로 자율적인가? 하물며 '잘 늙기', '우아하게 늙기'란

(헤아림의 문 너머)

말도 여기에서 자유로울 수 있을까?

소비자본주의 시대에 사회는 개인의 소비 행위가 끊임없이 일어나야 하는 장(場)이다. 이 소비 행위를 필요 이상으로 부추기는 가장 빠르고 강력한 방법은 인간의 탐욕, 그리고 공포를 자극하는 것이다. 남들에 뒤처지고 싶지 않은 욕망, 아름답게 보이고 인정받고 싶은 욕망이 가장 가시적으로 생생하게 투사되는 것이 우리의 신체이기에 그 신체의 노화는 제거되어야 하고 삭제하고 싶은 대상이 된다. 우리는 이런 식으로 자신의 몸을 대상화하고 판단하고 부정적으로 바라보는 것에 익숙해져 왔다.

인도의 여성 명상 지도자인 프리타지(Preehtha ji)는 삶에 두 가지 길이 있다고 말했다. 외부 세상, 즉 행위에만 몰입하고 노력하며 살아가는 삶과 내면 세상, 즉 내적인 영역에 함께 주의를 기울이며 살아가는 삶이다. 돈을 벌고, 돈을 쓰고, 여행을 가고, 자기계발을 하는 우리의 모든 행위는 외부 세상에 대한 것이다. 몸에 대해 소비하고, 노화를 걱정하고, 수술대에 눕는 것도 모두 외부 세상의 것이다. 문제는 일련의 행위 속에 내적인 영역에 대한 고려가 없다는 데에 있다. 어느 날 달라진 자신의 외모가 낯설 수 있다. 하지만 그 낯섦을 두려움으로 받아들일수록 소비 행위로 도망치는 선택은 빨라지고 만다. 내면 세상에 주의를 기울인다는 것은, 이러한 두려움의 상황에서 행위(외부 세상에 힘을 가하는 방식으로 선택하는 것, 즉 수술을 선택하고 그것으로 모든 문제가 해결되었다고 착각하는 것)로 도망치지 않는 것을 뜻한다. 내 마음속에 두려움과 불안이 있음을 알아차리고, 그 감정을 거부하거나 무시하지 않는 것이다. 그 감정을 통해 자신의 진짜 마음을 들여다볼 용기를 내는 것이다. 이 과정이 쉽거나 간단하지도 않겠지만, 인생이 쉽고 간단한 것만 하려고 시작된 것이 아니라는 점을 헤아리는 것까지가 내면 세상에 주의를 기울이는 일에 포함된다.

늙어감에 대한 내면적 성찰과 사유가 들어서야 할 자리에 갚아야 할 카드 청구서만이 쌓인다. 그러나 그 지불은 불안을 종식시킬 힘이 없어 결국 점점 더 돈을 쏟아붓게 되고, 또 돈을 악착같이 모아야지만 새로이 올라온 두더지를 잡을 수 있으니 다시 돈을 좇게 되는 고통의 순환열차에 올라타게 된다. 피부가 팽팽해진다고 해도 그것은 잠시 잠깐의 미봉책일 뿐이다. 궁극적으로 늙음을 바라보는 태도가 달라지지 않는다면 이렇게 사실상 몸에 갇혀버리는 삶이 된다. 몸(외부 세상)을 통해 마음(내면 세상)을 고찰할 계기를 잃게 된다. 몸이 내가 아니라는 것을 놓치고 만다. 그러다 어느 날 문득 정신을 차려보면, 더 늙은 육체와 죽음이 코앞에 와 있을 것이다. 늙음과 죽음이라는 예외 없는 진실에 눈감은 채로, 우리의 남은 시간이 어떻게 행복할 수 있겠는가.

(헤아림의 문 너머)

2500년 전 붓다는, 영원하지도 견고하지도 않은 인간의 몸을 가리켜 "꾸며진 영상(映像)이자 부패한 축적물"이라고 표현했다. 2000년 전 로마제국의 제16대 황제이자 후기 스토아파의 철학자 마르쿠스 아우렐리우스(Marcus Aurelius)는 『명상록』에서 "슬피 울며 우리를 땅에 묻은 자들조차 또 다른 자들의 손에 의해 땅에 묻힌다"고 서술했다. 언뜻 보면 붓다의 표현은 인간의 육체에 대해 지나치게 혐오와 비관으로 바라보는 것 같고, 마르쿠스 아우렐리우스는 삶의 덧없음을 강조하고 있는 것 같다. 그러나 나는 이것이 삶과 죽음을 완전히 꿰뚫어 알아버린 사람들의 사자후라고 생각한다. 아무리 가장 아름답고 건강했던 시기의 몸을 환상으로 붙잡고 유지하려고 애를 써도 결국 우리는 회백색의 해골로 돌아가는 것만이 진실이라면, 붙잡아야 할 것과 붙잡지 말아야 할 것이 명확해진다. 젊음을 붙잡으려 하는 것, 늙음을 혐오하는 것, 삶이 짧고 허무하다고 느낄수록 이것을 내려놓아야 한다. 그리고 동시에, 외부 세상에 끊임없이 집착하고 경도되는 이 마음의 습관을 돌이켜 내면 세상에 주의를 기울이는 삶으로 전환해야 한다. 외부 세상과 내면 세상에 대한 주의가 조화롭게 균형을 이루었을 때라야, 우리의 선택과 관계가 유연하게 흘러간다.

이것을 알지 못한 채 살았던 40여 년 동안 내 몸에는 젊음이 있

(1장)

었어도 나는 한 번도 그 몸으로 행복한 적이 없었다. 이것을 인지하며 살아온 지난 5년 동안, 내 몸은 더 이상 젊지 않아도 여기에는 고요한 평온이 흘렀다. 더 날씬해야 한다는 강박, 늙어 보여서는 안 된다는 강박, 내 몸에 부과했던 수많은 강박이 사라진 것은, 아이러니하게도 젊음이 사라지고 내 나이가 가을의 초입에 왔다고 느낀 때다.

시들어가는 것을 보는 일은 서글프다. 하지만 서글픔과 함께 기대 또한 자라난다. 늦가을과 겨울로 향할 내 육체에 또 어떤 지혜가 피어날까. 이 몸과 작별하는 그날, 나는 얼마나 해방된 존재로 그 작별을 맞이하게 될까. 쉼 없이 흐르는 시간의 강물에 몸을 맡긴 지금, 나는 나의 나이와 뜨겁게 손을 맞잡는다.

이 삶을 이렇게 뜨겁게, 나 말고 또 누가 안아줄 수 있단 말인가.

(헤아림의 문 너머)

이 고통스러운 일을 통해
무엇을 깨달을 것인가?

트라우마로부터의
해방

가끔 예능 프로그램을 보다가 깜짝 놀랄 때가 있다. "나 트라우마 올 것 같아!", "너 이런 거에 트라우마 있어?" 같은 말들을 주고받는 모습을 볼 때이다. 수년 전까지만 해도 트라우마라는 단어는 의학 드라마나 의학 다큐멘터리 정도에서나 가끔 접할 수 있는 용어였는데, 이제는 TV 예능에서까지 이야기될 정도로 친숙한 개념이 되었다. 누구든 검색만 하면 손쉽게 의학 정보에 접근할 수 있는 환경이 되어 정신적인 어려움을 오픈해 이야기할 수 있는 분위기가 만들어진 것은 환영할 만하다. 화려하고 즐겁게만 살 것 같은 스타들이 공황장애나 우울증을 겪고 있음을 이야기하는 상담 프로그램도 영향을 미쳤을 것이다.

하지만 한편으로는 걱정도 앞선다. 엄연히 정신적 질환의 하나인 트라우마라는 주제를 너무 아무렇지도 않게, 때로는 유쾌하게 다루는 모습에서 불편감이 올라오곤 하는 것이다. 외상후 스트레스 장애, PTSD(Post Traumatic Stress Disorder)는 엄연히 정신적 질환이다. 그리고 한 사람의 인생에 깊고도 길게 영향을 끼치는 질환이기도 하다. 농담처럼 다룰 소재가 아닌 이유는, PTSD로 인해 힘든 시간을 보내는 사람들이 이 땅에 함께 살아가고 있기 때문이다. 국민건강보험공단 자료에 의하면, 2015년 PTSD로 진료를 받은 사람은 7000명대였는데, 4년 후 이 숫자는 1만 명대로 늘어났다. 연평균 10퍼센트 가까이 환자 수가 증가하고 있다. 증상은 경험하고 있지만 치료를 받지 못한 사람들의 수까지 생각하면 현재 시점의 실제 PTSD 인구는 이보다 훨씬 더 많을 것으로 추측할 수 있다. 즐겨 보는 예능 프로그램에서 "너 트라우마 있어?"라고 주고받을 정도로 우리는 트라우마라는 단어를 자주 입에 올리지만, 자신이 정신적인 어려움을 겪고 있다는 것을 인정하고 정신과 전문의를 찾아가는 일이 여전히 누군가에게는 어려운 일일 것이다.

나에게 트라우마가 있는지 알기 위해서는 트라우마를 불러일으키는 충격적 경험이 존재했는지를 먼저 살펴봐야 한다. 흔히 사람들은 재해나 재난, 화재, 고문, 테러 등 막대한 외상과 피해를

〈헤아림의 문 너머〉

남기는 커다란 사건을 먼저 떠올리며, 자신의 경험을 '그렇게까지 끔찍하거나 충격적인 사건을 겪은 건 아니니까 설마 트라우마까지는 아니지?'라고 축소하여 생각하며 덮어버리는 경향이 있다. 혹은 그것을 떠올리는 것만으로 괴로워서일 수도 있다. 그러나 우리의 삶은 예측하고 대비할 수 없는 순간들의 연속이고, 특히 스스로 자신을 보호할 수 없는 어린 시절에는 이러한 위험이 더욱 증가하는 면이 있다. 부모와 가정의 울타리에서 더욱 보호받아야 마땅하지만 그와 반대인 상황에 노출되어 겪는 많은 일들이 그렇다. 어린 시절에 성적, 신체적으로 학대나 폭행을 당했다면, 혹은 가정폭력의 직접적인 피해자가 되었다면, 부모가 과격하게 싸우거나 어느 한쪽이 다른 한쪽에게 신체적, 언어적 폭력을 가하는 것을 목격했다면 이는 유년기에 경험한 충격적 사건에 해당하고 트라우마로 발전할 가능성을 갖게 된다.

내가 다섯 살, 혹은 여섯 살쯤이었을 때 나 역시 원치 않는 충격적인 사건에 노출되었다. 그 시절 부모님은 작은 페인트 가게를 운영하고 계셨고, 당시 유치원에 다니지 않았던 나는 부모님과 함께 가게에 있다가 함께 집으로 돌아오곤 했다. 어떤 날은 하루 종일 가게에서 부모님과 함께 있기도 했지만, 그렇지 않은 날도 있었다. 아버지는 공사 현장으로 페인트 작업을 하러 가시고, 어머니는 인천 남동공단으로 배달을 나가시는 날은 어쩔 수 없이 몇 시간씩 혼자서 가게를 지켜야만 했다. 아직 학교도 가지 않은 나이였지만 가게에 오래 있다 보니, 스프레이나 페인트 붓 같은 간단한 물건들은 가격도 외우고 팔 줄도 알았다. 손님이 가게로 들어오면 조금 긴장은 되었지만 엄마가 시킨 대로 "한 시간 뒤에 엄마가 오시니 이따가 다시 오세요"라고 말하면 손님들은 알았다며 돌아가곤 했다.

그날도 나는 혼자 가게를 지키고 있었다. 가게 안은 커다란 페인트 통들이 가득 쌓여 있어 입구에서 내가 주로 앉아서 놀던 안쪽 녹색 소파까지 한눈에 잘 보이지 않는 구조였다. 그 소파에 혼자 앉아 하염없이 엄마를 기다리고 있을 때였다. 모자를 깊숙이 눌러쓴 어떤 남자가 가게로 성큼성큼 들어왔다. 부모님은 어디 가셨느냐고 묻기에, 나는 해맑게 사실대로 답했다. "아버지는 공사하러 가셨고, 엄마는 배달 가셨어요. 그러니 한 시간 뒤에 오세요." 그는 잠시 밖을 둘러보더니 내 옆자리에 털썩 하고 앉았다. '이 아저씨는 왜 가지 않지?' 바로 다음 순간 갑자기 그는 나를 번쩍 들어 올리더니 자신의 무릎 위에 앉혔다. 너무 어렸던 나는, 이 행동이 어떤 것인지 미처 알 수 없었다. 혼란한 느낌도 잠시, 그는 순식간에 내 옷의 지퍼를 열었고 속옷 안으로 손을 넣었다. 찰나의 순간, 머릿속에 시뻘건 사이렌이 울리는 느낌이었다. 나는 내가 낼 수 있는 가장 큰 목소리로 울며 이렇게 말했다.

(헤아림의 문 너머)

"이이……. 이거 엄마한테 내가 다 이를 거야……." 그는 잠시 멈
칫하더니, 나를 그 자리에 던지다시피 하고 재빠르게 가게를 빠
져나갔다. 어린 나는 안도했다. 눈물을 닦으면서 그 아저씨가 다
시 돌아오지 않기만을 바라고 또 바랐다. 휴대폰이라는 것이 없
던 시절, 그저 배달 나간 엄마가 빨리 돌아오기만을 바라고 또
바랐다.

그가 더 악질인 사람이었다면, 그가 만약 흉기라도 가지고 있었
다면 아마도 그날의 결말은 이와 달랐을지도 모른다. 충분히 끔
찍한 일을 겪었지만 그래도 거기까지여서 다행이었다. 정말이
지 거기까지여서 다행이었다. 스스로를 지킬 힘이라는 것이 없
었던 어린 나는, 그저 나의 목소리로 나 자신을 위험에서 구해
냈다.

몇 시간 후 엄마가 가게에 돌아오셨을 때, 나는 엄마에게 어떤
남자가 들어와 이상한 짓을 했다고 말하지 않았다. 왜 그것을 말
하지 않았는지, 그때의 그 마음은 정확히 기억할 수 없다. 다만
"별일 없었니?"라는 엄마의 질문에 평소처럼 대답했던 기억만
있다. 아마도 나는 엄마가 나로 인해 걱정하거나 슬퍼하는 것이
두려웠는지 모른다. 어쩌면 "왜 그 사람이 네 옆자리에 앉을 때
까지 가만히 있었느냐"고 엄마가 혼을 낼지도 모른다고 생각해

입을 닫았는지도 모른다. 이 충격적인 경험이 누구에게도 전해지지 않고 내 기억 속에서 희미해질 날을 기다리고 싶었는지도 모르겠다. 그 후로 30년이라는 시간이 지나, 부모님이 가게를 정리한 지 한참 지난 후에야 나는 엄마에게 그날의 기억을 털어놓았다.

"엄마, 그때, 나 정말 무서웠어요. 하지만 그런 일이 있었다고 엄마에게조차 말할 수 없었어요."

엄마는 놀라움과 슬픔이 가득한 얼굴로 나를 바라보았다.

그날의 일이 나에게 어떤 영향을 끼쳤을지 나는 정확히 알 수 없다. 어쩌면 그 짧고 충격적이었던 기억은 내 기억 속 저장고 깊숙한 곳으로 들어가 박제되어 트라우마로 남았을 수 있다. 어쩌면, 그 이후로 '혼자인 것은 절대 좋지 않아. 나는 혼자 있으면 안되는 사람이야'라는 해석을 덧붙여, 외로움을 곧 괴로움으로 인지하며 평생을 살아왔는지도 모른다. 행복하고 싶어서 하고 있다고 믿었던 이삼십 대의 내 모든 연애는 사실 어린 시절에 혼자 있을 때 생긴 그 거대한 두려움을 어떻게든 잊어보려 했던 선택에 불과했는지도 모른다. 분명한 건, 그 기억이 나에게 어떤 식으로 남고 또 어떤 식으로 영향을 미쳤든 나는 어떻게든 '살아냈

〈 헤아림의 문 너머 〉

다'는 것이다. 때로 외로워서 울었고, 때로 그날의 기억이 간간이 떠오르곤 했지만, 나는 그럭저럭 삶을 지속해왔다. 그런 사건이 없었다면 더 좋았겠지만 적어도 그 일이 나를 망치거나 잘못되도록 나는 나를 방치하지 않았고 그것으로 다행이라 느낀다.

구체적인 상황과 경험의 내용은 같지 않겠지만 사람은 살면서 적어도 한 번은 원치 않는 폭력적 경험에 노출된다. 가정폭력, 학교 내 폭력, 성추행이나 성적 폭력, 직장 내 괴롭힘……. 다양한 폭력적 상황은 단지 뉴스나 시사 프로그램 등 미디어에서 다루는 현상이 아니라 우리의 삶에 항상 잠재되어 있는 현실적이고 실제적인 요소다. 폭력의 범주는 더 예측 불허의 잔혹성을 띠며 '안전 이별'이라는 단어가 화두가 되었고, 한낮의 거리에서 일면식도 없는 이에게 '묻지 마 폭행'을 당할지도 모른다는 두려움까지 암암리에 공유하는 사회가 되었다. 그렇게 타인은 지옥이라는 말을 가슴에 품은 사람들이 늘어날수록, 우리는 서로에게 위안과 공감을 구할 힘을 잃어갈 것이다.

충격적 경험으로 인한 PTSD는 의학적으로 분류되는 정신질환이기에 반드시 심리치료, 약물치료 등의 도움을 받는 것이 필요하다. 심리상담, 약물치료는 상처가 난 맨발 상태에서 양말과 신발로 자신을 보호하는 것에 비유할 수 있다. 자신이 겪은 충격적인 경험을 돌아보고 이것을 의식의 수면 위로 꺼내어 전문가와 함께 돌아보는 과정은 충격적인 경험으로부터 자신을 회복시키는 데에 큰 도움이 된다. 나아가 약물치료는 PTSD로 인한 수면장애, 악몽, 분노조절장애 등의 증상을 완화시켜 개인의 삶의 질에 긍정적인 영향을 미친다. 나는 기본적으로 약물치료에 대해 긍정적인 입장을 갖고 있다. 몸에 나타난 증상을 치료하기 위해 호르몬 요법을 하는 도중 부작용으로 수면장애를 겪어 낮 동안에 도저히 업무가 불가능할 정도로 체력이 떨어지자 수면의 지속을 돕는 약물을 처방받은 경험이 있다. 수면이 안정된 흐름을 찾자 일상이 빠르게 회복되었고, 그 회복된 일상 속에서 다시 나의 내적인 평온을 위해 노력할 수 있는 기반이 마련되는 것을 느꼈다.

하지만 '정말 그것으로 충분한가'라는 질문도 반드시 필요하다. 양말과 신발을 신어 발에 난 상처가 덧나지 않게 도울 수는 있겠지만 상처를 경험했다는 것을 완전히 지울 수는 없기 때문이다. 사람은 고도의 지능과 사고능력을 가진 존재이고, 덕분에 이토록 복잡하고 고도로 발달된 문명 위에 살아가게 되었지만 동시에 그 고도의 사고능력으로 인해 고통받는다. PTSD의 증상 중 하나로 '재경험', '회피와 무감각'을 들 수 있는데, 이는 너무도 충격적인 경험을 한 이후 그것을 내려놓지 못하고 머릿속에서

(헤아림의 문 너머)

끊임없이 재생하기에 나타나는 증상으로 볼 수 있다. 겉으로는 그 상처를 다 극복한 것 같고, 약물치료를 통해 일상생활도 별문제 없이 하게 되었지만 내면에서는 아직 그 문제를 완전히 처리하지 못한 상태일 수 있다. 기억에서 영영 사라지지 않을 일이라면, 우리는 이 폭력의 기억을 어떻게 처리해야 하는가?

증상은 치료의 대상이지만, 상처는 치유의 대상이 된다. 치료가 끝났어도, 치유는 요원할 수 있다. 인간은 기억하고 떠올리는 존재이기 때문이다. 충격적인 경험일수록 망각되지 않으며, 잊으려고 할수록 기억에 매몰되는 존재가 인간이기 때문이다. 어떤 사건은 잊을 수 없다. 인류의 과학기술이 아무리 발달해도 기억을 지우는 방법 같은 것은 영원히 영화 〈이터널 선샤인〉 같은 데에서나 볼 수 있는 소재일 것이다. 우리가 할 수 있는 건, 기억을 지우는 것이 아니라 과거와의 관계를 새롭게 규정하는 것뿐이다. 즉, 내가 나의 과거에 일어난 사건에 대해 어떤 태도를 가질 것인가, 그리고 그 일을 어떤 의미로 바라보기 원하는가 하는 문제가 중요해지는 것이다.

너무나 취약해 자신을 보호할 능력이 전혀 없었고, 죽을 만큼 무서웠다고 말하는 것조차 용기 낼 수 없었던 다섯 살의 그 시간을 떠올려본다. 그 사건은 영원히 내 기억 속에서 지워질 리 없다. 좋았던 기억을 쉽게 잊을 수 없는 것처럼 불가항력적으로 일어났던 그날의 사건과 이후 내 인생에 있었던 그와 같은 무수한 불행의 기억은 내 몸과 마음에 새겨져 있다. 허나 일어났던 일이 없었던 것처럼 살아가는 것이 목표가 된다면, 나는 결국 나 자신을 속이는 것밖에는 방법이 없을 것이다. 그래서 다시 물어야 했다. 크고 작은 상처의 경험을 통해 나는, 우리는 어디까지 나아갈 수 있을까? 단지 전문가와 상담하고, 약물치료를 통해 증상을 개선하고, 그래서 열심히 일하고, 돈을 벌고, 편안히 살고, 좋아하는 사람과 여행을 가는 것까지 나아가면 충분할까? 혹여, 이 고통의 경험을 통해 우리가 더 멀고 또한 고귀한 곳까지 나아갈 수 있다면 그것은 어디까지일까?

미국의 저명한 심리학자 하워드 가드너(Howard Gardner)가 1983년에 제시한 다중지능이론을 통해 그곳이 어디일지 추측해볼 수 있다. 그는 인간의 지능을 단순한 숫자로 표현되는 IQ가 아니라 여러 개의 컴퓨터가 복합적으로 돌아가는 것에 비유하며 각자의 고유하고 특별한 지능의 영역이 있다고 강조했다. 언어지능, 논리수학지능, 음악지능, 신체운동지능, 공간지능, 인간친화지능, 자기성찰지능, 자연친화지능 등의 하위분류로 인간의 지능을 세분했다. 이 이론을 단지 지능의 체계에 대한 설명으로만 보면 될까? 나는 그가 최근에 여기에 더해 생각해보고 있다고 언

(헤아림의 문 너머)

급한 '실존지능'이라는 하위분류가 인간이 삶에서 경험한 트라우마적 경험을 치유하는 중요한 맥락이 될 수 있겠다는 생각을 하게 되었다. 하워드 가드너는 실존지능이 "큰 질문을 숙고하는 능력"이라고 부연한다. '삶이란 무엇인가', '내 삶은 어떻게 흘러갈까', '나는 왜 이런 마음을 느낄까'와 같은 질문을 스스로에게 하고 그 답을 찾아갈 수 있는 힘이 여기에 해당되는 것이다.

삶에서 예기치 않은 어려운 상황에 봉착했을 때, 트라우마를 남기는 폭력적 사건에 노출되었을 때, 우리는 최선을 다해서 심리 전문가와 의학적인 시스템 안에서 우리 자신을 돌보는 데에 노력을 기울여야 한다. 그리고 진정한 치유와 해방을 위해 외부로부터 오는 도움을 수용해야 할 뿐 아니라 스스로에게 반드시 질문을 해야 한다. 실존적 질문, 영성적(spiritual) 질문을 내면에서 일으켜야 하는 것이다. 이는 타인이 절대 대신해줄 수 없는 고유한 영역이며, 당신은 이러한 질문을 스스로에게 건넬 힘을 가진 존재이다. 이것을 신뢰해야 한다. 스스로에게 진심 어린 태도로 이 질문을 건넬 수 있다면, 우리는 모두 높은 실존지능을 가진 존재로 존재할 수 있을 것이다. 그 순간이 반복되고, 길어질수록 우리는 이 삶의 모든 순간을 끌어안고 그 안에서 더 섬세하게 진화하는 존재로 나아가게 된다. 당신에게는, 그러므로 이러한 질문이 필요하다.

이 고통스러운 일을 통해 나는 무엇을 깨달아야 할까?

내 인생의 이 불가항력적 사건을 통해 나는 어떤 사람으로 변화해나가기 원하는가?

이 슬픔의 배를 타고, 나는 어디까지 나아갈 수 있을까?

삶이 그럭저럭 평범하게 별문제 없이 흘러가고 있을 때는 이러한 실존적 질문을 자신의 내면에서 강력하게 끌어올려 제기하기 어려운 게 사실이다. 하지만 반대로 생각하면, 오히려 예기치 않은 외상의 경험으로 '어째서 나에게 이런 일이 생겼지?'라는 생각이 들면서 삶을 원망하고 싶어질 때 이러한 실존적 질문을 하는 힘이 강해질 수 있는 가능성도 열린다. 절망의 반대편에는, 자신도 미처 인지하지 못했던 날카로운 실존적 사유가 존재하는 것이다. 13세기 페르시아의 시인이었던 잘랄루딘 루미(Jalaluddin Rumi)가 말한 "상처 입은 곳으로 빛이 들어온다"라는 말의 의미가 아마도 이것이었을 것이다. 이는 인간이라는 존재의 경이로운 측면이자 스스로 회복하고자 하는 놀라운 힘의 원천일 것이다.

어떻게 하면 실존지능의 영역을 더 많이 사용하고, 그리하여 이 삶을 온전히 경험할 수 있게 될까? 방법은 간단하다. 이미 일어난 일에 대해 몸부림치며 "이 일은 일어나지 말았어야 했어!"라

(헤아림의 문 너머)

고 절규하는 것이 아니라, 그저 고요히 앉아 자신에게 어떤 공간을 내어주기만 하면 된다.

'내가 이 일을 통해 어떤 것을 깨달을 수 있을까?' 당장 그 답이 떠오르지 않더라도 그저 자신에게 친절한 태도로 이 질문을 계속 건넬 수 있다면, 우리가 본래 갖고 있던 현명함이 그 존재를 드러낼 것이다. 꼭 철학자나 종교인이 아니라도, 인간이라면 누구나 갖고 있는 영성의 영역이 의식의 수면 위로 떠오르는 것이다.

아름다운 질문을 통해 자신의 과거와 화해하면 자신을 사랑하는 방법에 비로소 눈을 뜨게 된다. 과거와의 화해란 이와 같은 의식적, 영성적 노력을 하는 자에게만 얻어지는 아름다운 경지인 셈이다. 과거와 화해할 수 있을 때, 우리는 자유로운 존재로서의 우리 자신을 만나게 된다. 질문이 곧 모든 것이고, 질문에 모든 것이 달려 있다.

다섯 살의 어린 나를 생각한다. 그저 부모님을 믿었고, 부모님이 올 때까지 착하게 기다리고 있으면 그 어떤 문제도 없을 거라고 믿었던 순수하고 착한 한 어린아이를 생각한다. 어렵게 어렵게 나를 보호할 수 있었지만, 그 후로도 오랫동안 그 경험에 대해

말하지 않고 홀로 그 기억을 흘려보내고 싶어 했던 30년 동안의
내 마음을 생각한다.

'얼마나 놀랐니?
얼마나 자책을 했니?
그동안 많이 괴로웠지?'

나는 아주 오랜 시간이 지나, 먹먹한 표정으로 나에게 손을 내밀
고 어깨를 토닥인다.

아픔의 기억에 온전히 마음을 열고 나서 남겨진 것은 단 하나의
과제뿐이라는 느낌이 들었다. 나와 같은 아픔을 가진 어떤 사
람들과 마음을 나누고 위로와 힘이 되어야겠다는 생각이었다.
어린 나에게 지나갔던 충격적인 경험이 세상의 또 다른 어린아
이에게도 지나갔을 것을 짐작하기란 어려운 일이 아니니까. 나
의 고통을 온전히 인지하자, 나는 그렇게 세상의 고통에 연결
되었다. 내 안에 갇혀서 괴로워하는 존재가 아니라 누구든 안아
줄 수 있는 존재가 되는 순간이었다. 2016년 가을, JTBC의 시
사 교양 프로그램 〈말하는 대로〉에 출연해 내가 겪은 어린 시절
의 성추행 경험을 고백한 것은 내 마음속에서 이 고통스러웠던
나와의 시간이 모두 지나갔기에 가능했던 일이기도 했다. 단 한

(헤아림의 문 너머)

사람이라도 나의 이야기를 통해 위로와 힘을 얻을 수 있다면 그
것으로 충분하다. 지금 이 순간 역시 그 마음과 그 의도로 이 글
을 쓴다.

작은 몸 안에 갇힌 존재도 아니고, 내 과거의 문제에 갇혀버린
존재도 아닌, 자신의 정체성을 넘어서서 고귀한 가치 그 자체가
되는 일. 고통이 인간의 삶에 주어지는 유일한 까닭은 아마도 이
것이 아닐까. 고통을 통해 자기 안에서 스스로 해방을 구하는 자
가 되는 것. 자기를 통해 자기를 초월한 존재가 되는 것. 삶은 분
명 어느 시점에선가 나에게 오늘이 마지막 날이라고 말하겠지
만, 그 끝에 서서 기다리고 있는 나는 부디 나를 넘어선 어떤 존
재이기를 바란다. 그것이 이 삶이 시작된 이유이고, 그것이 삶의
수많은 통증을 감당했던 의미일 것이기 때문이다.

(1장)

심리학적 지식이
우리를 구원할 수 있을까?

편향으로부터의
해방

"우리나라에서 발행되는 심리학 관련 서적은, 이삼십 대 여성이
전부 산다고 말해도 과언이 아니에요. 말하자면 심리학 시장을
먹여 살리는 세대라고 봐야죠."

한 출판 편집자에게 이런 말을 들은 적이 있다. 어차피 다른 연
령대나 다른 성별을 위한 책을 써도 그 책은 잘 팔리지 않을 거
라는 반쯤은 자조 섞인 그 이야기에 나도 따라 쓸쓸하게 웃었던
기억이 있다. 그 후로 자주 생각했다. 왜 한국 여성은 이토록 심
리학 관련 서적에 몰입하는가. 전 세계 어느 여성보다도 평균 학
력 수준이 높고, 이 때문에 자신의 커리어 및 관계에 대한 기대

치도 높지만 실제 삶에서는 외적, 내적으로 다양한 어려움과 맞닥뜨리는 것이 그 이유가 아닐까 생각했다. 지금까지 열심히 공부해온 것처럼, 당면한 문제 역시 노력해서 해결하기 위해 그때마다 필요한 지식을 찾게 되는 것 같다. 내가 얻은 지식이 내 문제를 해결해주길 바라는 마음으로.

마음에 대해 더 많은 지식을 추구하고, 그 지식을 통해 현재의 어려움을 탈피하고자 하는 마음 자체에는 문제가 없다. 그러나 여기에서 또 다른 문제가 시작된다. 특정한 심리학 지식을 알게 되면 결국 그에 근거해 자신의 상태를 감지해보게 되는데, 바로 이 과정에서 오히려 자신에 대한 부정적 인식을 더 키우고 부정적 사고를 확대시키는 현상이 일어난다.

사람들에게 널리 알려진 심리학 개념 중에서 존 볼비(John Bowlby)의 애착이론을 들 수 있다. 그는 영국의 정신분석가이자 정신과 의사였으며, 제2차 세계대전 당시 전쟁의 상흔 속에서 태어나고 양육된 아이들에 대한 연구에 관심을 가졌다. 유년시절 수개월 혹은 수년가량 부모와 떨어져서 양육된 아이들이 이후에 훨씬 거칠거나 의존적이거나 불안정한 모습을 보이는 것을 발견한 그는 연구를 통해 애착이론을 정립했다. 부모가 아이에게 적절한 정서적 결속을 만들어주지 못할 때, 아이는 자신과 자신을 둘러싼 세계에 대해 불안해하거나 회피하는 성향을 갖게 되고 이렇게 '어린 시절 만들어진 마음속 체계'는 성인이 된 뒤에도 그 사람의 인생에 지대한 영향을 끼친다는 것이 애착이론의 골자이다.

포털 사이트에 '애착유형'이라고만 쳐도 자동완성기능에 의해 '성인 애착유형 테스트'가 함께 검색되는 세상에서, 자신의 불안과 괴로움이 어디에서 기인하는지 알고 싶었던 마음은 즉각적으로 지식에 접속한다. 내가 관계에서 상처받는 이유가 무엇인지, 어떻게 해야 이 상황을 개선할 수 있을지 고민하던 사람에게 인터넷은 가장 빠른 결과물을 제공한다. 개중에서도 가장 쉽게 요약된 지식이, 가장 짧게 편집된 영상이 우리의 조급한 손길을 잡아끈다. 하지만 조악하게 요약된 정보 어디에도 "이것은 단지 한 심리학자의 견해를 요약한 것이니, 애착유형을 섣불리 단정해 자신의 문제에 적용하면 안 됩니다"라는 주의 문구는 찾아볼 수 없다. 그 결과 쉽게 얻은 지식이 마음속 분노를 더욱 촉발시키는 매개가 되어 또 다른 자책과 원망의 원인으로 기능하기 시작한다. '아, 내가 자꾸 잘못된 연애를 하고 마음이 괴로운 건 내가 어렸을 때 부모에게 사랑을 제대로 받지 못해서이구나. 부모님이 원망스럽다. 내 인생은 이제 변화하긴 글렀구나.' 이와 같은 의식의 흐름에 따라 심리 테스트를 하고 원인을 찾았다고 생각해본 적이 있다면, 자신에게 닥친 심리 문제를 해결하는 방식을 돌아봐야 한다. 쉽게 얻은 지식을 통해 쉽게 결론을 낸 후, 이로써 모든 퍼즐이 맞춰졌다는 착각을 하고 있지 않은지를 말이다. 지식은 어떤 면에서 분명 우리를 구할 수 있다. 하지만 통찰 없이 심리학 이론을 습득하기에 급급하다면 자신의 내면을 있는 그대로 보기 어렵다. 오히려 우리가 알게 된 지식이 우리 내면의 눈을 어둡게 할 것이다.

경전을 공부하고 연구하면서 처음 알게 된 표현 중에 문사수(聞思修)가 있다. 지혜에는 세 가지 종류가 있는데, 들어서 아는 지혜인 문혜(聞慧), 사유해서 얻은 지혜인 사혜(思慧), 수행해서 얻은 지혜인 수혜(修慧)가 있다는 것이다. 심리학 이론을 습득하는 것은 이 세 단계에서 첫 번째 단계, 즉 문혜에 속한다고 표현해도 좋을 것이다. 그러나 이렇게 접한 지식만으로는 지혜가 완성될 수 없다. 알게 된 지식에 대해 충분히 사유하며 이 지식의 편협함은 없는지, 다른 견해나 다른 해석은 가능하지 않은지 비판적으로 사고해야 한다. 또한 여기에서 더 나아가 내가 얻은 문혜와 사혜가 실제 내 삶의 어떤 장면에서 발현되고 있는지 있는 그대로 성찰하는 의식의 힘도 필요하다.

애착유형에 대한 이론을 지식으로 습득한 경우를 예로 들어보

수혜(修慧)
└, '이 지식을 습득한 나는 지금 더 큰 분노(슬픔)를 경험하고 있구나. 그렇다면 이 분노(슬픔)는 무엇인가?'

사혜(思慧)
└, '애착이론을 통해서 보니 내가 겪은 어려움에 대해 알겠다. (1차 성찰)'
└, '하지만 이 이론이 모든 것을 설명할 수 있는가? 예외나 다른 견해는 없는가? (2차 성찰)'

문혜(聞慧)
└, '애착이론은 이런 내용이구나! (지식을 습득함)'

자. 애착유형에 대한 정보를 습득했다고 해도 자신의 삶의 문제에 대해 손쉽게 결론을 내려서는 곤란하다. 이는 얄팍한 문혜의 단계에서 멈추는 것이기 때문이다. 내가 아는 지식을 통해 더 나아가고 싶다면 알게 된 애착이론을 통해서 자신의 문제를 돌아보되, 이 지식의 편협한 점에 대해 사고해보고, 예외나 다른 견해에 대해서도 살펴볼 수 있어야 한다. 또한 여기에서 더 나아가 이 지식을 접했을 때 내가 어떤 해석과 마음을 일으키고 있는가 하는 통찰의 힘을 발휘해야 한다. 이는 지식이 눈을 가리는 것이 아니라 지식을 통해 자신의 실상(實相)을 볼 수 있는 힘이다. 마치 드론을 띄워 나 자신의 전체 모습을 조망하는 것과 같은 의식의 힘이다. 이렇게 하면 지식 자체가 아니라 지식을 통해 내가

(헤아림의 문 너머)

반응하는 모습이 또 하나의 성찰 대상이 된다. 나와 지식의 관계가 평등해지고, 지식을 통해 자신을 바라보되 그에 얽매이지 않는 상태가 만들어진다.

애착이론에 자신을 대입하고 쉽게 낙담하는 여성들을 그동안 수도 없이 보았다. 그 어떤 인간도 부모를 선택할 수 없는 채로 이 삶에 태어나는데, 가장 어리고 취약한 시절의 경험이 인생을 좌우할 수 있다는 이론을 글자 그대로 믿어버리니 이러한 현상이 생겨나는 것이다. 정작 정말로 필요했던 건 이러한 이론을 접한 내 마음이 어떠한지를 살피고 헤아리는 일인데. 자신의 인생에 중대한 결함이 있다며 슬퍼하게 되었다면 그 슬픔에 빠지지 않고 슬픔을 볼 수 있는 힘이 필요하다. 부모를 원망하는 마음이 더 확고해지는 계기가 되었다면 그것은 오랫동안 분노를 쌓아왔다는 사인일 수 있다. 하나의 이론이나 지식이 갖고 있는 표층적 의미에 함몰되지 않고, 그것을 통해 나를 바라볼 수 있을 때, 내가 접하는 모든 지식은 나의 현재를 가감 없이 바라볼 수 있는 지혜의 문이 되어준다. 그러나 반대로 지식의 표층적 의미에만 집착할 때 지식은 자신에 대한 집착, 타인에 대한 원망을 증폭시키는 근거로 기능할 수 있다. 이것이 지식의 양면성이며, 지식을 받아들이는 내면의 태도를 먼저 갖추도록 자신의 내면 상태를 훈련하고 보살피는 데에 시간과 공을 들여야 할 근원적 이유이다. 이것을 깨닫지 못한다면, 이 세상에 출판된 모든 심리학책을 모조리 다 읽는다 해도 삶은 변하지 않을 것이다.

지식의 함정에 빠지지 않고, 지식을 통해 완전한 존재가 되어가는 것, 이는 현대심리학에서 주요하게 다루는 '메타인지(meta-cognition)'의 상태라고 말할 수 있다. 인지하고 있는 바를 인지하는 완벽한 알아차림의 상태로, 지식을 통해 삶을 업그레이드하는 것은 오직 이 메타인지의 단계에서만 가능해진다. 이 메타인지의 힘을 기르기 위한 방법으로서 수행의 중요성이 강조되는 것은 바로 이러한 이유 때문이다. 마음의 힘을 기른 적이 없어 자신을 있는 그대로 볼 수 없는데, 어떻게 타인이 세운 지식을 있는 그대로 볼 수 있겠는가. 엄지손가락으로 누구든 손쉽게 인스턴트 지식을 쇼핑할 수 있는 시대, 마음의 차원에서는 지식 쇼핑이 늘 이득이라고 말하기란 그래서 어렵다.

오늘, 내가 한 것은 조급함 때문에 해버린 지식 쇼핑인가, 아니면 지식을 통해 높은 수준의 지혜를 성찰하는 과정이었나? 당신은 자신이 알게 된 지식과 어떤 관계를 맺고 살아가는 존재인가? 죽는 날까지 읽어도 전부 다 읽지 못할 두꺼운 경전과 심리학책들 앞에서, 이미 자신의 수명을 다하고 흙으로 돌아간 자들의 아름다운 증언과 견해의 보고(寶庫)를 손에 들고서 나는 스스

로에게 묻는다. 나의 지식이 나를 살리게 하기 위해서 나는 오늘
도 완전히 깨어 있는 자인가. 그 의지와 빛나는 기개가 내 안에
살아 숨 쉬고 있는가.

●──────── 높은 교육열과 교육 수준을 자랑하는 한국. 하지만 자살률이 세계 1위이며, 청소년 자살률도 높은 나라. 정답이 있는 지식만을 주입하고 등수대로 나열해 세우는 교육제도 아래에서 공부는 한 인간으로서의 성장과 성찰을 위해서라기보다는 단지 더 나은 경제적, 사회적 계급으로 이동하기 위한 수단으로 기능한다.

우리가 누구인지 알지 못하고, 옳고 그름을 판단하지 못하고, 삶의 의미를 추구하지 못하는 인간으로 성장하는 배경에 한국 교육의 슬픈 자화상이 존재한다. 생각해보자. 성찰과 사유의 힘을 갖지 못한 시민, 오직 경쟁과 생존에 내몰린 시민으로 구성된 사회란 과연 누구에게 가장 유리하게 작동할까?

내면의 힘과 지혜를 기르는 일이
결코 개인적인 차원의 일일 수 없는 까닭이다.

(헤아림의 문 너머)

애착이론에 덧붙여,

애착이론에 의하면, 유년 시절 아이가 부모를 통해 경험하는 세상은 아이의 인생에 너무도 지대한 영향을 끼치는 요인이 된다. 내가 선택한 적도 없는 부모가 주는 양육 환경의 영향에서 벗어나는 것은 요원해 보이기까지 하다. 하지만 애착이론은 사람을 이해하는 한 가지의 도구이며 견해일 뿐이라는 사실을 받아들이고 나면, 인간에 대해 다른 견해를 보여주는 연구 결과도 눈에 들어오게 된다. 바로 하와이 카우아이섬 실험에 대한 이야기다.

1950년대, 가난과 질병에 시달리던 하와이 카우아이섬에서 태어난 신생아 833명을 대상으로 어른이 될 때까지 추적 관찰하는 종단연구(긴 시간 동안 특정 표본을 관찰하는 연구)가 시행되었다. 부모가 범죄자이거나 알코올중독자, 정신질환자여서 불안정한 환경에서 양육된 아이들이 어떤 삶을 살게 되었는지 살펴본 연구이다. 40년에 걸쳐 시행된 이 연구의 결과는 놀라웠다. 양육 환경이 불안정하고 피폐했던 200여 명의 연구 대상자 중 70여 명은 성인이 되었을 때에 자신의 부모와는 다른 안정적 삶을 살게 되었던 것이다. 부모가 선물한 유년기 양육 환경의 영향으로부터 벗어나 자신의 온전한 삶을 지켜낼 수 있었던 비결은 어디에 있었을까? 정답은 바로 '한 사람의 존재'에 있었다. 아이의 인생에서 아이의 입장을 무조건적으로 이해하고 수용한 어른이 적어도 단 한 명은 존재한다는 사실이, 부모가 준 악몽 같은 환경의 영향을 극복하고 새 삶을 살도록 만든 것이다. 인간은 환경에 지배받는 존재이고 때로 너무도 취약하지만, 환경을 극복할 수 있는 위대한 존재이며 그것은 단지 한 명의 영향력으로도 가능하다는 것을 카우아이섬 종단연구는 명백하게 입증하고 있다.

존 볼비의 애착이론과 카우아이섬 종단연구는 우리 자신과 환경의 영향에 대해 균형 잡힌 시각으로 볼 수 있게 해주는 양 날개에 비유할 만하다. 인간은 자신의 유년 시절을 원하는 대로 통제하거나 조절할 수 없지만, 이후 이어지는 인간관계만큼은 선택하고 조절할 수 있다. 삶이 비탄에서 시작되었을지라도, 자신의 내면에 책임을 지는 존재가 되어야 하는 까닭이 여기에 숨어 있다. 부모에게는 충분히 사랑받지 못했을지라도, 그에 대해 분노하는 존재가 아니라 결핍이 있는 다른 이에게 손을 내미는 존재가 되어야 할 이유도 여기에 있다. 우리는 모두 연결되어 있다. 우리는 분노하기 위해 태어나지 않았다. 우리는 다만 서로에게 연결될 때 완전해진다. 카우아이섬 종단연구는, 애착이론을 알게 된 이후로 결핍을 준 부모를 원망하며 자신을 어둠 속으로 안내해온 모든 사람과 나누고 싶은 지식이다.

(헤아림의 문 너머)

2장

알아차림의 문 너머

"수행승들이여, 세상에 발견되는 네 종류의 사람이 있다.
네 종류의 사람이란 어떠한 사람인가?

자신의 이익을 위해서도 실천하지 않을 뿐만 아니라
타인의 이익을 위해서도 실천하지 않는 사람이 있다.
타인의 이익을 위해서는 실천하지만
자신의 이익을 위해서는 실천하지 않는 사람이 있다.

자신의 이익을 위해서는 실천하지만
타인의 이익을 위해서는 실천하지 않는 사람이 있다.
자신의 이익을 위해서도 실천할 뿐만 아니라
타인의 이익을 위해서도 실천하는 사람이 있다.

이 가운데 자신의 이익을 위해서도 실천할 뿐만 아니라,
타인의 이익을 위해서도 실천하는 사람은
이러한 모든 네 사람 가운데 최상이고 수승하고
가장 훌륭하고 훨씬 탁월하다."

_《앙굿따라니까야(Aṅguttaranikāya)》[10]

당신의 일은
당신에게 어떤 의미인가?

의미 있는 삶으로
나아가다

2001년의 겨울, 예순 번째의 서류 탈락 메일을 받아들고서 세상
이 참 비정하다는 생각을 했다. 열심히 공부해 대학을 가야 한다
고 해서 대학에 갔고, 열심히 스펙을 쌓아 취업에 성공해 제 몫
을 하는 사회인이 되어야 한다고 해서 회사의 문을 두드렸는데,
그 문은 열릴 기미가 보이지 않았다. 친구들의 합격 소식이 들려
올 때마다, 불합격 메일이 도착할 때마다 나는 주저앉아 울고 싶
었다. 어떤 회사도 허락하지 않는 이 초라한 나라는 존재를 어떻
게 대해야 할지 도무지 알 수 없었다. 괜찮다고 토닥여주어야 할
까. 급한 대로 직무에 크게 도움이 되지 않더라도 자격증을 한
개라도 따서 이력서의 한 줄을 채워야 할까. 그 무엇에도 마음

(알아차림의 문 너머)

붙이지 못한 채로 그렇게 또 몇 주가 지났다. 무너진 멘털로 가끔씩 '그냥 죽어버릴까?' 생각을 하던 어느 날, 기적처럼 그것이 도착했다. 예순한 번째의 메일이었다. 거기엔 "서류 통과를 축하드립니다!"라고 쓰여 있었고, 나는 167 : 1의 경쟁률을 뚫고 한 중견기업의 공채시험에 최종 합격을 했다.

합격을 하면, 그저 합격만 하면 충분한 줄 알았다. 목표는 하나였고 그 목표를 이루었으니 내게 남은 과제 같은 것은 없다고 생각했다. 하지만 그 생각은 사무실의 내 자리에 처음으로 앉던 그날에 바로 깨져버렸다. 칸막이조차 없는 폭 120센티미터의 책상, 끊임없이 울려대는 전화벨과 사람들의 목소리, 무서운 얼굴의 편집장과 나에게 일말의 관심조차 없어 보이는 직속 상사까지……. 최대한 상냥하고 밝은 표정으로 "새로 입사한 인턴 곽정은입니다"라고 말하고 있었지만 나는 이미 도망치고 싶은 기분이었다. 커다란 기계 안에 들어와 이리로 저리로 부딪히기만 하는 잉여의 나사 같은 존재가 된 것 같았다.

태생적으로 감각이 예민한 데다가 뻥 뚫린 사무실 환경은 처음이라 그 공간은 그 자체로 내게는 지옥이었다. '그냥 그만두겠다고 할까? 재택근무가 가능한지 물어볼까? 무슨 생각을 하는 거야. 일하지 않으면 돈을 벌 수 없잖아.' 나는 무서운 표정으로 나를 다그쳐 그곳에 익숙한 존재로 구겨 넣었다. 또 다른 회사에 이력서를 넣고 기다리다가는 내 명에 죽지 못할 것 같아서 그렇게 회사원의 삶에 정착했다. 구일역에서 종로3가역까지 1호선 한편에 몸을 구기고 매일 아침 길을 나서고, 매달 21일을 목 빠지게 기다리는 스물세 살의 회사원이 되었다.

분명한 건 내가 꿈꾼 삶은 이런 식이 아니었다는 사실뿐이었다. 기자라는 타이틀만 달았지 할 줄 아는 것이 없었던 초보 인턴 기자였던 내게 멋진 취재 기사나 인터뷰 같은 일은 주어지지 않았다. 선배들의 자료조사를 돕거나 간단한 인테리어 소품을 소개하는 캡션 위주의 기사를 겨우 쓸 뿐이었다. 칼바람 부는 거리에 나가서 생면부지의 사람을 붙잡고 최대한 공손하게 "스트리트 패션 취재 중인데요, 사진 촬영 괜찮으실까요?"라고 말하고 매몰차게 거절을 당할 때면 온몸에 힘이 쭉 빠졌다. 고작 이런 일을 하려고 내가 그렇게 열심히 대학을 가고, 토익 공부를 했나? 직장 생활의 첫 3년 동안 머릿속에서 이 생각이 떠나지 않았다.

매일 어떤 지시를 받고, 하는 모든 일마다 평가를 받고, 좋은 이야기보다는 나쁜 이야기를 들을 일이 훨씬 많이 생기는 이곳에서 버틴 끝에 받는 200만 원 정도의 월급 절반을 저축한다고 해도 10년 후에 내가 가질 돈은 1억 남짓. 가난한 집에서 자라 돈

(알아차림의 문 너머)

의 쪼들림이란 것을 평생 경험하고 지켜봐온 나는 버는 돈의 절반을 저축할 자신도 없었지만 이 작은 월급을 지켜보며 계속 살아갈 자신도 없었다. 그냥 이렇게 고단하게 하루하루 지나고 나면 그다음엔 무엇이 기다리고 있는지, 그냥 이렇게 버티려고 인생이 시작된 것인지 나의 물음표는 점점 커지고, 또한 많아졌다. 하지만 어떻게든 돈을 벌어 집을 나가 독립해서 살고 싶었던 나에게 돈은 절대적 힘이며 의미였기에 의문을 키우기보다는 순응을 택하는 데에 익숙해져갔다.

그렇다. 합격만 하면 그저 해피엔딩인 줄 알았지만, 합격을 해도 해피엔딩 같은 건 없다는 걸 나는 서른 살 즈음이 되어서야 비로소 실감했다. 해피엔딩? 해피는 진작 포기했지만, 여기에는 엔딩도 없다. 돈이 필요한 일은 끊임없이 일어나 쉬거나 그만두거나 하는 것에 대해 생각조차 할 수 없었다. 해피엔딩이 아니라 네버엔딩이라는 말이 이 삶에 훨씬 어울렸다. 지친 표정으로 출근하고, 점심 식사 시간엔 선배에 대한 뒷담화를 일삼고, 타성에 젖은 채로 나는 그렇게 회사원의 삶에 젖어들었다. 그 덕분에 남영역 앞 작은 원룸 한 칸을 얻어 독립할 수 있었다. 그토록 바라던 독립이었지만 알 수 없는 공허감이 짙은 날에는 와인 한 병을 사서 들어와 취하도록 마시는 게 낙이었다. 왜 이렇게 일하며 살아야 하는지, 내가 무엇을 모르는지조차 몰라서 나는 그 누구에게도 마음의 공허에 대해 털어놓을 수 없었다. 수년째 꼬박꼬박 들어오는 월급은 은행에서의 내 신용등급을 올려주었을지는 모르지만 정작 나는 그 어느 때보다도 나 자신에 대한 믿음을 잃어가고 있었다.

그렇게 괴로운 시간이 얼마쯤 흘렀을까. 일하는 사람으로서 나에게 잊지 못할 순간이 나타났다. 고단한 출근길, 괴로운 퇴근길을 반복하며 서서히 시들어가던 서른의 나에게 어느 날 도착했던 독자 엽서 한 장 덕분이었다. 출근해보니 내 책상 위에 놓여 있던 그 엽서에는 이렇게 적혀 있었다. "곽정은 기자님의 글은 쉽게 읽히고 또 유익해서 항상 챙겨보게 돼요." 인터넷이 지금처럼 발달하지 않았던 그때 볼펜으로 꾹꾹 눌러 적은 두 줄의 글을 읽는 순간, 나는 완전히 각성되었다. 익명의 독자로부터 온 엽서로 인해 나는 내 글이, 내가 하는 이 일이 누군가에게 의미로 전달되고 있다는 것을 알게 된 것이다. 그러자 나를 채근하는 편집장의 무서운 눈빛도 그럭저럭 참을 만한 것이 되었다. 그녀 또한 매달 발간되는 한 권의 잡지라는 결과물을 통해 타인에게 무언가를 남기기 위해 자신만의 싸움을 하고 있는 것이겠구나 싶었다.

긍정심리학을 정립한 미국의 심리학자 마틴 셀리그먼(Martin

Seligman)은 '의미 있는 삶', 즉 자신의 재능을 통해 타인에게 기여할 때 비로소 이 삶의 단계를 완성할 수 있다고 말했다. 이는 자리이타(自利利他), 즉 먼저 자신을 이롭게 하고 그것을 통해 타인에게도 이로움을 전하라는 2500년 전 붓다의 가르침과도 맥락이 닿아 있다. 우리라는 존재도, 우리가 하는 일과 성장의 의미도 결국 타인이라는 존재를 떼어놓고서는 온전히 바라볼 수 없음을 생각하게 하는 대목이다. 자신의 즐거움을 추구하는 것도 필요한 일이고, 그 과정에서 깊은 몰입을 경험하는 것도 중요하나 궁극적으로 나의 재능이 타인(단지 내 가족이나 친구가 아닌 나를 모르는 다수의 사람을 가리킨다)에게 이롭도록 방향을 설정하는 것이다. 타인에게 이로운 일은 결정적으로 어떠한 가치에 봉사하는 일이기 때문이다. 여기에는 오직 자신만을 위해 일하고 노력한다면 삶은 점점 공허해질 것이라는 메시지가 담겨 있다. 내가 하는 일의 지향점이 타인의 웰빙과 행복일 때, 우리의 기쁨과 몰입은 더욱 커지게 된다는 것도. 즉, 타인을 위해 무언가 하겠다고 결심할 때 삶의 수준에 진보가 일어나는 것이다. 그 엽서는 나로 하여금 내 삶의 의미를 깨달으라며 각성을 요구하고 있었다. 작은 엽서 한 장이었지만 일하는 삶의 빛깔이 달라지게 한 놀라운 사건이었다.

일에서의 이타성은 열심히 벌어서 모은 여윳돈을 어려운 곳에 기부하겠다는 다짐 같은 것으로 성취되는 것이 아니다. 나의 노동이 어떤 의미로 남을 수 있도록 끊임없이 그 가치와 방향성을 고민하고 조정하면서 가야 한다는 의미일 것이다. 지금 하는 업무가 초라하게 느껴질지라도, 지금은 내가 일을 통해 만나는 사람이 극히 제한적일지라도, 이러한 고민과 조정은 가능하며 그 과정 속에서 일적인 성취도 한 단계 더 높은 차원으로 발전될 수 있다. 노동의 의미를 고단함, 반복, 지루함, 공허함, 함께 일하는 타인에 대한 분노, 원망 같은 것들로 채울 것이 아니라 세상과의 의미 있는 접점을 쌓아나가는 것으로 채운다면 오로지 자신만

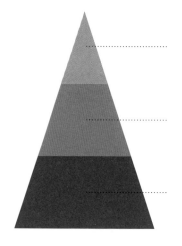

의미 있는 삶
Meaningful Life
재능을 통해 타인의 삶에도 기여하는

적극적인 삶
Engaged Life
몰입을 통해 성장을 경험하는

즐거운 삶
Pleasant Life
기쁨과 쾌락이 많은

• 마틴 셀리그먼이 말한 삶의 세 가지 여정. 열심히 사는 사람의 경우 즐거운 삶과 적극적인 삶까지는 접근 가능하지만 그 사람이 꼭 의미 있는 삶을 살게 되는 것은 아니다. 삶의 방향성에 대한 적극적인 각성, 나의 노력이 어디로 향하고 있는지를 스스로에게 자주 자문하는 성찰의 힘이 필요한 까닭이다.

(알아차림의 문 너머)

을 위해 달리던 삶에서는 도저히 발견될 수 없는 기쁨과 풍요가 있음을 깨닫게 된다. 일하고 성장을 도모하는 모든 순간, 타인이라는 존재를 기억하고 지향점으로 삼는 연습을 해보자. '어떻게 하면 이 일을 통해 더 많은 사람이 행복해질 수 있을까?'라는 고민을 해보는 것이다. 일을 대하는 나의 마음 자세가 나의 삶의 태도마저 바꾸는 경험을 하게 될 테다.

그렇게 나는 나의 노동과 화해했고, 그 이후로 일하는 사람으로서의 내 삶은 의미 있게 진화할 수 있었다. 평범한 기자에서 베스트셀러 작가로, 방송인과 강연자로, 명상 지도자로 이어진 모든 과정이 그날 그 엽서로부터 꽃피워졌다. 주려고 마음먹으니, 더 많은 기회와 행운이 손안에 들어오기도 했을 것이다. 그녀는 나에게 있어 마틴 셀리그먼이었으며, 그저 붓다였다. 우리는 모두 연결되어 있다. 그것을 알고 살아갈 것인가, 모르고 살아갈 것인가의 문제만이 남아 있을 뿐이다.

나는 왜 남자를
사랑하는 일을 그만두었나

✳

가야 할 길을
깨닫다

붓다는 한번 태어난 사람이 반드시 겪는 고통에 여덟 가지가 있
다고 말했다.

생로병사(生老病死), 누구도 피해 갈 수 없는 태어나서 늙고, 병
들고, 죽는 인생의 네 가지 고통.
구부득고(求不得苦), 원하지만 얻지 못함에서 오는 고통.
애별리고(愛別離苦), 사랑하지만 헤어지는 고통.
원증회고(怨憎會苦), 미워하나 만나야 하는 고통.
오음성고(五陰盛苦), 무상하여 변화하는 인간의 존재를 구성하
는 다섯 가지 요소, 즉 신체, 감각, 지각, 의식, 인식을 붙잡으려

(알아차림의 문 너머)

고 해서 일어나는 고통을 더하여 팔고(八苦)라 한다.

어떻게 하면 더 감각적으로 행복해질 수 있을지에 대해 골몰하고, 끊임없이 더 많은 것을 소유하고, 더 멋진 나 자신이 되기 위해 갖은 노력을 아끼지 않고, 더 많이 더 빠르게 더 신나는 것들을 경험하고 싶어 하는 오늘날의 사람들에게 붓다의 고통론이 고리타분하고 염세적으로 보이는 것도 당연하다. 하물며 비교적 자극을 좇지 않는 삶을 산다고 자부하는 이들에게도 고통에 대한 붓다의 성찰은 가볍거나 편안한 마음으로 듣기 어려울 수 있다. '삶이 그처럼 고통에 가득 찬 것이라면, 도대체 내가 하고 있는 이 노력은 다 뭐란 말인가?', '머리를 쥐어뜯거나 울부짖는 모습 정도는 되어야 고통이 아닐까?'라고 생각하는 것도 당연하다.

나 역시 그랬다. 처음 '팔고'의 개념을 접한 것은 대학교에 입학한 첫 학기의 교양과목 수업에서였다. 1997년 3월, 지금은 작고하신 불교학계의 저명한 스승이었던 길희성 교수님의 〈불교의 이해〉 과목의 첫 번째, 혹은 두 번째 수업쯤이었을 것이다. 인생은 고통으로 가득하다는 도무지 이해할 수도 인정할 수도 없던 이야기를 들으며 나는 속으로 '이제 이 과목은 열심히 듣지 말고 딴짓이나 해야겠다'고 생각했다. 내 인생은 이제 겨우 시작인데 인생이 저렇게 고통으로 가득하다면 앞으로 무슨 낙으로 살까 싶은 치기 어린 생각이 일자 더 이상 수업 내용은 들리지 않았다. 그즈음 새로 들어간 노래 동아리에서 알게 된 선배와 연애를 시작하면서 인생이 고통이라는 교수님의 이야기는 내 머릿속에서 완전히 삭제되었다.

내 개인적인 고통의 오래된 제목은 '외로움'이었다. 아주 어려서는 때때로 하루 종일 집에 홀로 남겨져 있던 순간들이 그랬고, 10대가 되고 나서는 지극히 내향적인 성격 탓에 마음을 털어놓을 사람이 없어 고통이었다. 언제나 화가 나 있는 듯 보여 공포의 대상이었던 아버지, 자식은 부모에게 무조건 순종하고 "네, 엄마"라고 말해야 한다는 엄마, 가족도 친구도 그 어느 누구도 나는 편안하지 않았다. 누군가에게 편안히 지지받고 수용받는 대화를 해본 경험이 단 한 번이라도 있었던가? 어른이 되어 이 작은 세상에서 탈출하고 나면, 운명의 짝을 만나고 나면 이 모든 외로움과 불안에 대해 한 번에 보상받을 것이라는 근거 없는 희망을 품었다.

희미한 희망과 설렘 속에 시작한 20대와 이어진 30대를 온통 채웠던 것은, 결과적으로 남자에 대한 갈구와 사랑이었다. 일 이외에 남는 시간과 에너지는 모두 남자에게로 향했다. 일을 하면서 모임에서 만나는 매력적인 남자들에게 내 존재를 각인시키고,

(알아차림의 문 너머)

어필하고, 단둘만의 시간을 가져 가까운 사이가 되는 것에 나는 완전히 빠져 있었다. '이 남자는 어떨까?', '저 남자는 어떨까?' 줄기차게 호기심을 발동시켜 특별한 관계가 되기를 꿈꾸고 시도했다. 남자와 연애를 한다는 것은 내 인생을 신나고 감각적으로 만드는 가장 확실하고 정확한 방법이라고 생각했던 것 같다. 열심히 일하고, 열심히 연애했다. 그때 나는 인생의 중요한 두 축이 일과 연애라는 확신으로 가득 차 있었다. 일적으로는 상사에게 인정받고, 연애를 통해 남자에게 매력적인 여자로 인정받는 내가 되면 인생의 행복을 거머쥘 수 있다고 생각했다.

〈불교의 이해〉 수업을 들었던 새내기 대학생 시절로부터 20년이라는 시간이 지나 마흔 살이 될 때쯤 가끔 이유 없이 문득 그수업이 생각나곤 했었다. 재미라곤 하나도 없고 고리타분하다고 생각했던 그때의 감흥과 교실의 풍경이 떠오를 때마다 교수님이 칠판에 크게 썼던 '괴로울 고(苦)'라는 한자도 함께 떠올랐다. 천방지축 날뛰며 이제 내 인생은 행복으로 가득해야 한다고 믿었던 때에는 도저히 이해할 수 없었던 삶의 영역이 비로소 인생의 전면으로 등장하는 느낌이었다. 인생은 열심히 행복을 거머쥐려고 노력해야 하는 것이라고 믿어왔는데, 그 생각이 틀렸을 수도 있다는 것을 서서히 느끼고 있던 차였다. 내 인생이 뒤늦게 나에게 묻고 있었다. 20년간 누군가를 간절히 원하고 갈망하고 시간과 노력을 다했던 일은 정말로 행복이었나? 아니면 고통에 가까웠던가?

그것은, 명백한 고통이었다.

'팔고'의 개념은 끊임없이 애정 관계를 갈구하는 사람들에게 분명한 가르침을 준다. 특히 네 개의 한자로 표현되는 고통의 목록들이 그렇다. 연애는 상대와의 독점적인 관계를 기반으로 하고, 그 독점적인 관계는 아주 쉽게 소유욕으로 번진다. 나에게 소중한 사람이니 이 사람의 몸과 마음, 시간, 계획은 물론이고 그 사람의 미래까지 나와 함께해야 한다고 생각하게 된다. 여기에서 '애별리고(愛別離苦)', 즉 사랑하지만 헤어져야 하는 고통이 처음으로 경험된다. 좋아하고 갈구하니 내내 함께 있고 싶지만 눈앞에 두고 만질 수 없으니 여기에서 고통이 생겨나는 것이다. 사랑하는 이들이 결혼을 통해 상대와 영속적인 관계를 맺도록 결합하는 문화가 오랫동안 지속되어 올 수밖에 없는 것은 갈망함의 고통을 줄이고자 하는 노력으로도 볼 수 있다. 물론 다양한 사회학적 해석이 존재하지만 적어도 인간의 고통이라는 내적 차원에서 결혼제도는 그저 '애별리고'라는 고통을 줄이고자 하는 선택으로 보이기도 한다.

〈알아차림의 문 너머〉

물론 결혼 여부와 관계없이 두 사람의 마음이 뜨겁게 달아오르고 서로에 대한 확신에 부족함이 없을 때에는 이러한 독점욕과 소유욕은 전혀 문제를 발생시키지 않는다. 모든 우연은 이 사람을 만나기 위해 작용한 필연으로 여겨진다. 하지만 영원할 것 같은 사랑도, 법적인 구속력까지 지닌 사랑도 대학 합격증을 받아들었을 때 마치 '고통 끝, 행복 시작'인 것만 같았지만 현실이 그렇지 않았던 것과 같은 이치로 마음도 처지도 영원할 수는 없음을 받아들이게 된다. 마음이 한자리에 머물지 않는다는 사실만이 영속적일 뿐 인간의 마음에서 생겨난 모든 것은 흔들리고 변하고 소멸한다. 어느 한쪽의 마음이 변하거나 둘 다 마음이 변할 때 관계는 아주 간단하게 고통의 모드로 전환된다. 함께하는 시간이 예전처럼 즐겁지 않으니 고통이고, 싫어하는 사람과 함께 지내야 하는 그 또한 고통이다. '원증회고(怨憎會苦)', 즉 싫어하나 만나야 하는 고통은 단순히 보기 싫은 상사나 원수 같은 전 애인을 길거리에서 마주치는 정도의 상황을 말하는 것이 아니다. 한때는 사랑했지만 그 관계가 영원하지 않기에 이제는 미워하는 대상으로 변해버려 자신의 괴로움이 커지는 상황도 결과적으로는 원증회고의 맥락으로 볼 수 있다. 결과적으로 내가 원한 행복을 영원히 가지는 일이 불가능하니 사랑의 모든 과정이 그 자체로 '구부득고(求不得苦)', 즉 구하나 얻지 못하는 고통의 상태가 된다. 구할 수 있는 것을 다 가져도, 그 행복은 영속적이지 않다.

사랑은 행복을 추구하는 과정인가? 아니면 고통과 대면하는 과정에 가까운가? 사랑은 좋은 것이고, 그것이 주는 쾌감 또한 특별하기 때문에 우리는 사랑이 곧 행복이어야 한다고 스스로를 설득하는 것도 같다. 하지만 우리는 사랑에 따라온 무수한 의혹들 또한 알고 있다. 내 마음도 계속해서 변하고, 상대의 마음도 계속해서 바뀌기에 관계는 끊임없이 변화를 겪는다. 몸, 느낌, 인식, 의도, 지각이 머무름 없이 변화하므로 고정된 값의 '자아(自我)'조차 존재하지 않는다고 성찰한 이가 바로 붓다이며, 이를 일컫는 표현이 바로 '오음성고(五陰盛苦)'이다. 그렇기 때문에 사랑을 통해 변치 않는 안정감과 행복만을 추구하려는 시도의 결말은 진정한 안정도, 영원한 행복도 되기 어렵다. 물론 그것이 불가능하다고 말할 수는 없겠지만 여기에는 어마어마한 부가적 노력이 요구된다. 자신이 이 관계로부터 얻은 쾌감과 행복의 몇 배만큼의 노력을 기울여야만 그 관계 또한 유지할 수 있을 것이다.

갈망과 괴로움을 해소하려 인간은 다른 사람을 필요로 한다. 그러나 그 과정에서 더 깊은 갈망과 괴로움이 발생한다. 사랑의 시작에, 과정에, 그리고 사랑의 파괴 과정 모두에 이 근원적인 갈망과 괴로움이 속속들이 개입한다. 그러므로 이 갈망과 괴로움을 성찰하지 못하면 사랑의 과정은 그저 스스로를 끊임없이 괴롭히는 과정에 머물고 만다. 나의 입맛에 맞는 사람, 단지 나를

(알아차림의 문 너머)

기분 좋게 해주는 사람, 누군가 내 옆에 있다는 이유로 내 삶에 큰 문제가 없다고 착각하게 해줄 사람을 찾으려 많은 시간을 들이고 애쓰지만 결국 계속해서 똑같은 결말에 이르는 드라마의 주인공이 되는 것이다. 상대의 얼굴만 바뀌었지 우리 인생의 드라마는 지긋지긋하도록 재방송되어 왔다.

수년 전, 내가 2년 반 동안 인생에서 가장 사랑했던 어떤 이와 작별하고 나서 나는 처절한 절망 속에 오랫동안 가라앉아 있었다. 그때에는 붓다의 가르침을 제대로 알지 못했지만 나의 심연에서는 더 이상 이 고통을 반복해서는 안 된다는 결연한 외침이 들렸던 것 같다. 더 이상 이 지긋지긋한 스토리를 반복하고 싶지 않다고 나는 외쳤다. 몇 번이고 내게 사랑을 전하던 그 손으로, 그가 매몰차게 내 집 현관문을 부서질 것처럼 쾅 닫고 나가던 그 날, 나는 내가 애초에 내 고통을 해결하기 위해 그를 선택했다는 것도, 그가 자신의 고통을 견딜 수 없어 나를 포기했다는 것도 선명하게 알아버렸다. 하지만 못내 슬퍼하면서도 내 인생의 고통이 어디로부터 왔는지 선명히는 알지 못했다. 그래서 나를 이해해줄 사람, 나를 따뜻하게 대해줄 사람, 나의 공허하고 건조한 시간을 웃음으로 메워줄 또 다른 어떤 사람을 꿈꾸고 또 꿈꾸며 몇 명과 하찮은 연애 관계를 시도해보기도 했지만, 이젠 완전히 알 수 있게 되었다.

'연애라는 것은 어쩌면, 나의 괴로움에 너의 괴로움을 얹는 일일 뿐이구나!'

나는 이제 연애를 하지 않는다. 그럴 생각도 별로 없다. 누군가와 연애 관계로 이어질 만큼 지속적인 교류를 하는 것에 신기하리만치 열정이 사라졌다. 나라는 존재의 불안정함과 그 사람의 불안정함이 겹치는 것이 그리 재밌지도 즐겁지도 않다. 그 생생한 인간의 존재적 고통을 두 배로 목격하는 일에 거짓말처럼 관심이 없어졌다. 그가 아무리 매력적이라 해도 그를 알아가고, 뜨겁게 달아오르고, 싸우고, 화해하고, 의견을 조율하고, 오해하고 다시 풀어가고, 그 모든 일들이 나는 이제 싫어졌다. 싫어져서 내가 그 일로부터 떠났다. 이 모든 과정에 마음의 괴로움이 중첩되는 것을 피할 수 없다는 것을 알아버려서 떠났다.

나처럼 불안정하고, 이기적인 존재가 고통의 문제를 해결해야할 존재를 곁에 가까이 두는 것에서 어떤 매력을 느낄 수 있을까? 한 인간을 온전히 품어주기에 너무도 불안정한 존재가 나라는 것을, 인간은 다른 인간에게 기댈 수 없는 존재라는 것을 알아버린 다음이라면.

우리는 기대려고 이 세상에 오지 않았다. 우리는 다만 각자의 과

127   〈 알아차림의 문 너머 〉

업을 이루고, 각자의 고통을 해결하기 위해 태어나 이번 삶에 머물고 있을 뿐이다. 행복한 듯했으나 결국은 고통으로 끝난 내 모든 연애사의 끝에서, 《법구경》의 구절이 나를 깊이 각성시키고 또한 위무해주었다.

> 사랑하는 자도 갖지 말라.
> 사랑하지 않는 자도 갖지 말라.
> 사랑하는 자는 만나지 못함이 괴로움이요.
> 사랑하지 않는 자는 만남이 괴로움이다.
>
> 그러므로 사랑하는 자를 만들지 말라.
> 사랑하는 자와 헤어지는 것은 참으로 불행이다.
> 사랑하는 자도 사랑하지 않는 자도 없는
> 그 님들에게는 참으로 속박이 없다.
>
> 사랑하는 자 때문에 슬픔이 생겨나고
> 사랑하는 자 때문에 두려움이 생겨난다.
> 사랑을 여읜 님에게는 슬픔이 없으니
> 두려움이 또한 어찌 있으랴.
>
> _《법구경》[11]

● ──────── 이제 연애 생각이 거의 없다는 내게 엄마는 "그래도 곁에 누군가 있다는 건 좋은 일이 아니니"라고 말씀하셨다. 동의는 하지만 솔직히 잘 모르겠다. 내가 혼자 있을 때 얻는 평온함보다 더 귀한 무언가를 줄 만한 사람이 지구에 존재할까? 어렵게 찾은 나의 평온을 나눌 자격이 있는 자가 세상에 존재하기는 하는 것일까? 인간은 누구나 저마다의 미숙함이 있고 나는 나의 미숙함과 부족함을 감당하고 알아차리며 사는 것만으로 많은 에너지가 들어, 타인의 미숙함을 내 삶에 들일 자신이 없는지도 모른다.

내 삶을 텔레비전으로 치면, 시시한 농담과 어이없는 시트콤을 너무 오랫동안 틀어두었지. 남은 삶은, 아름다운 바닷속 풍경 다큐멘터리 같았으면 하는 것이다. 남은 삶은, 그저 고귀하고 완전한 무엇들에 쓰고 싶은 생각이 드는 것이다. 혼자이고 때때로 외로운 것이 둘이서 때때로 싸우고 뒤돌아 잠드는 것보다 나에게 훨씬 더 어울리는 것 같다.

（알아차림의 문 너머）

나는 어떻게 음식에 대한
탐욕을 내려놓았나

내 몸을
존중하는 법을 알다

어렸을 때 내 별명은 '못난이'였다. 얼굴 살이 통통해 귀엽다고 말해주는 사람까지는 있었어도 예쁘다고 말해주는 사람은 단 한 명도 없었던 것 같다. 어린 내가 만날 수 있던 사람들은 불과 몇십 명에 불과해 세상이 얼마나 크고 넓은지 몰랐어도 나는 내가 예쁜 편에 속할 수 없는 존재라는 걸 이미 충분히 느낄 수 있었다. 이모의 딸들, 그러니까 내 이종사촌들과 놀이터에서 놀다가 찍힌 사진을 보며 '작고 예쁜 얼굴인 사촌에 비해 내 얼굴은 왜 이렇게 크고, 코는 왜 이렇게 낮지?' 그런 생각을 했던 때가 아홉 살 무렵의 여름이었던 것을 생생하게 기억한다.

그리고 시간이 훌쩍 지나 20대에 접어들면서 나는 내 외모에 대해 한 가지 생각을 추가하게 되었다. 그 생각은 내 몸이 뚱뚱하다, 둔탁하다는 자각에서부터 시작되었다. 옷을 사러 가면 어떤 디자인은 사이즈가 애매하게 안 맞는 경우가 종종 있었고, 조금만 살이 찌면 옷이 몸에 끼어 영 옷태가 나지 않는 일도 자주 있곤 했다. 사람들은 그런 내게 아무렇지도 않게 말했다. "너 다이어트한다고 하지 않았어?" 사회생활을 시작한 뒤로는 전날 저녁을 늦게 먹었거나 충분히 잠을 자지 못해 얼굴이 사정없이 부어 출근한 날에는 누군가 어김없이 나에게 콕 집어 이렇게 묻는 것으로 아침 인사를 대신했다. "왜 이렇게 부었어? 넌 어떻게 맨날 붓냐?"

생각해보면 내 삶의 거의 대부분의 시간은 몸과의 투쟁이었다. 10대에는 남들보다 못생겼다는 생각을 하며 살았고, 20대와 30대에는 외모에 대한 콘텐츠를 최전방에서 다루는 패션잡지의 기자로 살아가면서 그 내용에 나를 비추어 보며 다이어트를 감행했던 것 같다. "치아 교정을 해보면 어떻겠니?", "코를 좀 높이면 인상이 달라질 것 같은데 좀 해보는 게 어때?" 내 외모에 대해 지적하고 걱정하는 주변 사람들의 소리는 내가 내 능력을 갖추고 일 인분의 몫을 다 해내고 있을 때도 멈추지 않았다. 조금만 살이 찌면 다이어트를 하고, 밥을 굶어가면서 새벽에 유산

〈알아차림의 문 너머〉

소 운동과 웨이트트레이닝을 받고, 그래도 정리되지 않는 부위에는 주사나 침 같은 것을 맞아가면서 더 나은 외모를 위해 부단히 애썼던 듯하다. 디톡스 다이어트를 한다고 물과 한약만 먹으며 2주 동안 아예 음식을 끊은 적도 있었다. 노력을 해 날씬해지고 나면 그렇게 기분이 좋을 수 없었다. 어렸을 때 듣지 못했던 예쁘다는 말을 몸에 본격적으로 돈을 쓰고 나서부터는 여러 차례 듣게 됐다. 듣기 좋으라고 해주는 칭찬이라 해도 상관없었다. 많지 않은 월급이었지만 내 몸에 쓰는 돈은 마음속에서 확실한 자기 계발비로 카운트되어 내 미래를 위한 합리적 소비를 하는 것처럼 생각됐다. 열심히 벌어서 열심히 몸에 쓰며 자신을 위해 투자하고 있는 나는 꽤 괜찮은 사람같이 느껴졌다.

하지만 시간이 훌쩍 지나 마흔의 문턱에 다다르고 나서 현실적인 변화를 체감하게 되었다. 조금 덜 먹고, 조금 더 운동을 하면 금세 제자리를 찾던 나의 몸은 어쩐 일인지 예전만큼의 속도로 반응해주지 않았다. 덜 먹어도 몸무게는 그대로였고, 운동을 해도 근육은 붙어주지 않았다. 살이 조금 빠지는 듯하면 볼이 움푹 패어 나이가 확 들어 보였고, 그러다 스트레스를 받아서 폭식을 하거나 술을 마시기라도 하면 얼굴과 배가 놀라울 정도로 탄력이 없어졌다. 예전에는 컨디션이 좋지 않은 날을 손에 꼽을 수 있었다면 이제는 컨디션이 좋은 날을 손에 꼽아야 하는 쪽으로 상황이 기울었다는 걸 알 수 있었다.

몸이 예전 같지 않다는 생각에 이것저것 자료를 찾아보았다. 그리고 내가 애써 부정하고 싶던 단어들에 도착하게 됐다. 노화, 그리고 갱년기라는 단어. 시간이 속절없이 흐르고 있다는 것을 알면서도 한 번도 현실적으로 생각해본 적 없던 단어가 바로 코앞에 오다 못해 내 몸의 혈관에 이미 흐르고 있다는 것을 그 순간 깨달았다. 더 이상 나는 젊지도, 어리지도 않았다. 상처가 생기면 빠르게 회복되지 않고, 순환은 더디고, 강한 강도로 운동을 하는 것도 무리지만 입에서는 전에 없이 단것이나 짠 음식이 당기는 시기. 피할 수 없이 다가온 40대라는 나이 앞에서, 별다르게 과식을 하지 않아도 야금야금 불어나는 나의 몸 앞에서 나는 심각하게 고민에 빠졌다. '이제 나는 평생 맛있는 걸 마음 편히 먹을 수 없는 몸이 되었구나.'

어려서부터 먹는 것을 너무나 좋아했고, 스트레스를 받으면 먹는 것으로 풀기를 좋아했던 내게 먹는 일은 그야말로 기쁨이었고 힐링이었다. 스트레스를 핑계로 혼자서 다 먹지 못할 만큼의 배달 음식을 시켜서 넘치도록 먹어도 이내 정신 차리고 타이트하게 운동하면 그런대로 몸이 제자리로 돌아와주던 그때에는 거기에 곁들이는 다양한 술 또한 나에게 큰 행복이었다. 하지만

(알아차림의 문 너머)

마흔이 되고 나서 순식간에 변해버린 몸무게와 나의 바디라인
은 이런 식으로 스트레스를 푸는 것에 대해서 재검토해봐야 한
다고 경고하고 있었다.

초기경전에는 촉(觸, phassa)이라는 개념이 있다. 인간의 감각기
관과 감각의 대상이 만난 것을 '촉'으로 일컫는다. 예를 들어, 쇼
핑을 가서 나의 눈과 신상 구두가 만나는 순간이 촉이고, 직장에
서 상사가 나에게 모진 말을 했을 때 이 말과 나의 귀가 만나는
순간이 촉이다. 몸이 위험한 상황에 노출되었다면 이 또한 촉이
고, 마음이 스트레스 상황에 노출되었을 때 내 마음이 그것을 경
험하게 되므로 이것도 촉이 일어나는 순간으로 본다.

이 촉 자체는 막을 수 없다. 인간이 감각기관을 가지고 태어난
존재이기 때문이다. 하지만 보고 듣고 느낀 것(수, 受)에 사로잡
히고 매번 갈애(애, 愛)하며 결국 그것에 집착(취, 取)하여 그 모
든 것의 노예가 되고 만다면 이는 문제다. 촉은 순식간에 어떤
느낌을 불러일으킨다. 신상 구두를 보면 '예쁘다'는 느낌이, 상
사의 모진 말에는 '분노'라는 느낌이 삽시간에 일어난다. 그리고
이 느낌은 다시 빠르게 '갈애'의 단계로 우리를 끌고 간다. 구두
가 예쁘다는 느낌은 단 0.1초 만에 '갖고 싶다'는 갈망으로, 상사
에게 향했던 분노의 느낌은 '이런 상황을 당장 벗어나고 싶다'는

강력한 욕구로 이어진다.

하지만 신상 구두는 생각보다 비싸고, 먹고살기 위해서는 아무리 상사의 말이 모질지라도 쉽게 들이받을 수도, 혹은 사표를 쓸수도 없다. 그러니 마음에서는 이 억울한 느낌을 다른 무엇으로라도 해결해야 풀릴 것 같은 이상한 집착의 마음이 피어오른다. 집에 돌아와서도 계속해서 그 구두를 떠올리며 갖고 싶어 하고, 친구에게 전화를 걸어 상사에 대한 험담을 이어가며 '상사는 틀렸고 나는 옳은 사람'이라는 감각에 집착한다. 단지 눈이 구두를 보았을 뿐이고, 단지 귀가 말을 들었을 뿐인데 구두에 집착하고 부정적 생각에 집착하는 결과가 만들어졌다. 접촉이 느낌을 불러일으키고, 느낌이 갈애로 이어지며, 갈애가 집착을 부르는 연쇄반응에 걸려든 것이다.

스트레스를 받은 날, 자신도 모르게 배달 앱을 켜서 무의식적으로 음식을 주문하고, 몸에도 좋지 않은 정크푸드로 배를 채우며 아무 생각 없이 텔레비전 앞에서 과식을 하고 잠이 들어본 적이 있는 사람이라면 이 이야기들이 낯설게 느껴지지 않을 것이다. 우리는 실제로 이렇게 한다. 촉에서 취로 이어지는 과정이 너무도 짧은 순간에 일어나고, 또한 이것이 우리 일상에 습관처럼 자리 잡아 의식하지 못할 뿐이다. 이미 이것을 감지하지 못해 기분

나쁜 느낌을 계속 그렇게 처리하는 한 우리는 몸이 피곤함을 느낄 때마다 정크푸드로 스스로를 괴롭히는 패턴으로부터 벗어날 수도 없게 된다.

"머리는 알겠지만 몸이 따라주지 않는다. 마음을 조절하기 어렵다"고 말하며 삶의 변화를 꾀하는 것이 어렵다고 토로하는 사람들이 많다. 그러나 이렇게 특정한 문제에 묶여 있는 경우에는 자

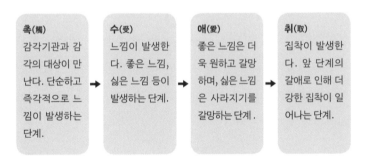

이 단계를 음식을 먹고 싶은 욕구에 적용해보면 이렇게 설명할 수 있다.

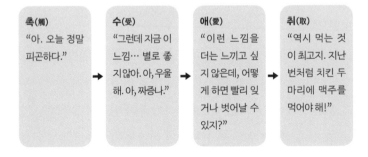

신을 채근할 것이 아니라 마음의 심연에서 흘러가는 생각의 고리들을 파악해야 한다. 그것을 파악하는 내면의 힘을 기르는 것이 이 문제를 해결하는 데에 있어 관건이 된다. 그 힘을 기르지 못한 채로 기울이는 모든 노력은 수포로 돌아가기 쉽다. 또한 여기에는 중요한 포인트가 있는데, 촉에서 수로 이어지는 순간을 면밀히 살펴야 한다는 것이다.

피곤하고 지친 경우를 예로 들어보자. 피곤하고 지친다는 것은 몸과 마음에서 느껴지는 감각이다. 충분한 휴식이 부족했거나 내가 할 수 있는 영역 밖의 일을 하느라 평소보다 더 많은 휴식이 필요했을 수 있다. 그 순간 몸의 피로감이 순식간에 불쾌감이나 불만족스러움으로 전환되었다면 여기에서 더 이상 단계가 진전되지 않도록 하는 것이 중요하다. '지친 것은 맞는데, 지쳤기 때문에 불만족스러운 느낌도 함께 올라가고 있구나'라고 명료하게 알아차려보는 것이다. 이때, 텔레비전이나 휴대폰 속 영상 같은 자극적인 소재들로 눈을 돌리는 것이 아니라, 무의미한 험담이나 수다로 옮아가는 것이 아니라, 몇 번의 호흡을 하며 내 몸의 감각을 부드럽게 알아차림하면 우리 뇌의 모드가 전환된다. 스트레스를 받아 위협과 불편에 대비하려는 뇌의 모드에서 지금의 상황을 종합적으로 살펴보고 이성을 통해 파악하려는 모드로 말이다.

(알아차림의 문 너머)

내가 처음으로 명상을 배웠던 인도의 명상학교에서는 스트레스를 많이 받았을 때, 잠시 눈을 감고 부드럽게 호흡하면서 미간 사이에 밝은 촛불 하나가 떠 있다고 상상하라고 가르치곤 했다. 이는 머리의 앞쪽, 전두엽을 좀 더 자극해 현재 상황에 대한 조망과 성찰을 강화하려는 의도로 생각된다. 전통적인 수행의 방법을 자세히 다룬 《사띠빳타나숫따(Satipaṭṭhāna Sutta)》에서도 수행의 기본적인 자세를 언급할 때에 "전면(前面)에 알아차림을 확립하고"라는 표현을 사용하는데, 마음이 혼란하여 갈 길을 잃어버리려 할 때 이처럼 의식적으로 자신의 몸에 주의를 기울이면 더 이상 생각이 중구난방으로 진전되지 않게 할 수 있다.

접촉에서 느낌으로 이어지는 순간은 너무도 순식간이라 한 번에 캐치하기 힘들지만 그것을 캐치하지 못했다고 하더라도 기회는 여전히 있다. 느낌에서 갈애로 이어지는 순간, 내가 그 과정을 온전히 지켜보고 면밀히 파악할 수 있다면 갈애는 잠시 일어나도 그 몸집을 키우지는 못한다. 살다 보면 스트레스를 받을 수도 있고, 때로 기분 좋지 않은 느낌을 느낄 때도 있다는 것을 마음속 깊은 곳에서까지 인정하고 수용할 수 있다면 갈애는 나를 압도할 수 없다. 하지만 오랫동안 갈애와 집착을 갖고 살아와 형성된 사람의 패턴은 우리로 하여금 특정한 습관에 고착되게 하며, 그 결과 갈애에서 집착으로 마음이 점점 번지게 된다. 단지 느낌만 있었을 때에는 내 마음을 어느 정도 바라볼 수 있었던 사람도, 이것이 갈애와 집착의 단계로 넘어가게 되면 내가 어떤 갈애를 품고 있는지, 내가 어떤 집착을 일으키고 있는지 제대로 인지하기 어렵다. 배달 음식을 시켜서 먹을 때야 기쁘지만 그 집착을 어느 정도 채우고 나면 '내가 또 충동에 졌구나' 하며 상황을 알아차리게 되지 않는가. 다만 그 짧은 성찰의 순간 역시 순식간에 지나가버려 우리는 스트레스를 받고 피곤할 때마다 앞서의 내적인 과정을 반복하며 점점 더 강력한 습관, 즉 자동적인 조건성이라는 함정에 빠져들게 된다. 이 자동적인 조건성을 다른 단어로 표현한다면 바로 '속박'이 될 것이다. 내가 만든 굴레에 내가 빠져 삶을 주체적으로 운영하지 못하는 사람이 되어가는 것이다.

오랫동안, 날씬하고 젊어 보이고 예쁘다는 말을 듣고 싶어서 참으로 애썼던 것 같다. 자기계발이라는 미명하에 숱하게 몸에 돈과 시간, 에너지를 썼던 기간 동안 나는 수많은 '촉 → 수 → 애 → 취'의 고리에서 허우적대며 타인의 칭찬을 갈구하며 살아왔다. 아름다운 존재가 되고 싶다는 갈망, 자기 관리를 잘한 사람으로 보이고 싶다는 집착, 그렇게 나 자신을 증명하지 않으면 아무도 나를 인정하거나 칭찬해주지 않을 거라는 걱정 속에서 나는 나를 굶기고, 새벽마다 뛰어나가 운동하게 하고, 팔뚝에 미용

(알아차림의 문 너머)

주사를 맞으며 통증에 몸을 떨었다.

수천 번의 갈애와 수만 번의 집착. 그것이 나를 향한 사랑이 아니라 그저 내 내면의 자동적 조건성이라는 것을 깨닫자마자 나는 오랫동안 나를 괴롭혔던 식탐과 폭식에의 욕구로부터 해방되었다. 불만족스러운 느낌, 외롭다는 느낌을 없애기 위해 음식을 먹었다는 것을 인정하니 이제 그렇게 먹지 않아도 괜찮다는 생각을 할 수 있게 됐다. 억지로 먹고, 억지로 운동하고, 내 몸을 강제적으로 몰아치는 이 모든 일들을 내려놓자 모든 것이 자연스럽게 정리되었다. 나에게 온 모든 음식에 감사하며 한 입 한 입 기쁜 마음으로 먹는 일의 기쁨을 알게 되었다. 적당히 먹고, 적당히 운동하고, 나를 혹사하지 않았는데도 몸은 제자리를 찾아갔다. 둔탁하게 느껴지던 몸은 점점 가벼워지고, 10년 전에 입던 옷들을 다시 입을 수 있게 되었다. 허탈한 웃음이 나왔다. 이 몸과 화해하기까지 나는 얼마나 내 몸을 혹사한 것일까. 나는 단지 나의 내면에서 어떤 일이 벌어지는지 알지 못해, 이건 나를 사랑해서 시작한 자기계발이라며 스스로를 속였다.

남들 눈에 괜찮아 보이는 사람이 되면 나 자신과 화해할 수 있으리라 오해했다. 그러나 아무리 덜 먹고 아무리 운동해도 더 이상 몸이 내 맘대로 되어주지 않는 40대의 문턱에 다다라서야 나는 내 몸을 존중하는 방법을 알게 되었다. 느낌과 갈애, 집착으로 이어지는 삶의 슬픈 연결고리를 이해하지 못했다면, 나는 늙고 쇠해가는 내 몸과 더 많이 싸우고 멱살잡이하며 남은 시간을 보냈을 것이다. 아, 얼마나 다행인가! 이제라도 깨달아 이 삶을 살아갈 수 있어서. 아, 그러나 얼마나 애석한 일인가! 삶의 너무도 오랜 시간 동안 나는 집착에 빠져서 살았음을 생각한다면.

> 욕망과 미움이 일어나는 근원은 여기[자기 자신]이고
>
> 즐거움과 불쾌함과 소름 끼치는 전율들도 여기에서 일어난다.
>
> 마치 아이들이 잡았던 까마귀를 놓아버리는 것처럼
>
> 갖가지 마음의 생각들도 여기에서 시작하여 일어난다.
>
> 뱅골보리수 가지에서 싹이 움터 뻗어나간 것처럼
>
> 그것들은 애정에서 생겨나고, 자기 자신으로부터 일어난다.
>
> 마치 칡덩굴이 숲속으로 퍼져나가듯이,
>
> 사람들은 이렇게 감각적 쾌락에 얽매여 있다.
>
> _《숫타니파타》[12]

(알아차림의 문 너머)

"정신을 길들이고 제어하여 괴로움의 길을 가지 않네.

모든 경우에 대해 정신을 제어해야

모든 괴로움에서 벗어난다.

정신이 제어되었으면

일일이 정신을 제어할 필요가 없으리.

악한 것이 일어날 때마다

그때그때 마음을 제어하여야 하리."

_《쌍윳따니까야》[13]

자기 마음의 완전한 주인으로
살아가기를 바란다면

✳

나를 컨트롤하는
법을 안다

내 마음이 내 마음 같지 않다고 생각해본 적이 있나? 머리로는 알겠는데 마음으로는 인정이 안 되고, 결과적으로 행동은 늘 그대로라고 느낀 적이 있나? 그렇다면 당신은 아마도 삶의 많은 순간, 마인드 컨트롤이라는 단어를 떠올리고 어떻게든 그것을 가능하게 하려고 노력해보기도 했을 것이다. '다 좋은 일이 일어나려고 그러는 거야'라든가 '이 일도 결국은 지나갈 거야. 그러니 이제 그만 생각하자'라는 말을 머릿속으로 되뇌었을지 모른다. 머릿속에 쉴 새 없이 일어나는 생각들에 너무 지쳐 무슨 수를 써서라도 그 생각을 덜 해보려고 격한 운동이나 다양한 취미 생활에 자신을 내던져본 경험도 있을 것이다. 이런저런 방법으

(알아차림의 문 너머)

로 애를 써보아도 결론은 하나였을 것이다. '내 마음을 내 뜻대로 조절하기란 정말 어려운 일이구나'라는 결론 말이다.

우리는 누구나 자기 자신의 상태를 원하는 대로 조절하고 싶어 한다. 몸매든, 능력이든, 대인관계든, 또 마음속의 구체적인 상태까지도 원하는 만큼 조정하고 컨트롤할 수 있기를 바란다. 그중 어떤 것들은 노력으로 조절이 가능하기도 하다. 체계적으로 식단을 짜고 매일같이 운동을 하면 몸의 라인이 눈에 띄게 달라지고, 계획을 잘 세워 공부를 하면 원하던 학교에 진학하거나 시험에 통과할 수 있다. 그러나 마음의 영역은 어떤가? 정작 우리 인생의 모든 영역에 연관된 마음에 대해서만큼은 어떻게 해서 그것을 컨트롤할 수 있는지 방법을 잘 알지 못한다.

마음에 대한 동서고금의 비유는 차고도 넘쳐나지만, 그중에서 내가 가장 흥미롭게 기억하는 비유는 이런 내용이다. 마음은 단 하나의 성질로 되어 있거나 단일한 주체가 아닌, 서로 성질도 다르고 힘도 다르고 움직이는 속도도 다른 여러 개의 동물이 합쳐진 것과 같다는 것이다. 한번 상상해보라. 밧줄에 각각 호랑이, 사자, 들소, 산양, 말, 악어가 묶여 있고, 당신이 이 밧줄들을 하나로 묶은 지점에 위치해 있다고 생각해보는 것이다. 묶여 있는 호랑이는 호랑이대로, 말은 말대로, 악어는 악어대로 자기가 가고 싶은 방향으로 돌진하려 할 것이다. 어떤 날은 사자가 원하는 방향대로 끌려갈 테지만, 또 어떤 날은 악어가 가는 쪽으로 전체가 휩쓸려 갈지도 모른다. 또 어떤 날은 힘이 센 들소와 호랑이가 팽팽하게 밧줄을 당겨, 어느 쪽으로도 움직이지 못하고 그 자리에 있을 수밖에 없을지 모른다.

이 비유에서 각각의 동물이 상징하는 것은 나의 오래된 습관과 고정관념, 혹은 새로 탑재된 강렬한 열망이나 태도 같은 것이다. 우리는 우리의 오래된 마음속 패턴에 의해서 휘둘리고, 살면서 새롭게 일어난 마음속 갈망에 의해서도 휘둘린다. 그런데 이 동물들의 조합은 살아가면서 계속 바뀌는 탓에 내 마음을 나도 모르는 상황이 반복되는 데다가 모든 동물들이 만족할 결정은 있을 수 없기 때문에 완전히 내 마음을 컨트롤하기란 영영 불가능한 일로 보인다. 그러니 차라리 마음을 아는 일을 덮어버리고 사는 게 더 쉬운 선택같이 여겨질 수 있다. 그런데 여섯 방향으로 제각각 움직이려고 하는 동물의 비유를 통해 우리는 마음에 대한 중요한 진실 하나를 짐작해볼 수 있다. 마음에는 우리가 미처다 파악하지 못한 요소들이 중첩되어 있고, 그러므로 우리가 어떤 결정을 했을 때 그것은 온전히 나의 고유한 의지에 의한 것이아닐 수 있다는 점이다.

(알아차림의 문 너머)

마음은 쉴 새 없이 요동치며, 그 안에 존재하는 다양한 힘은 저마다 자기가 원하는 방향으로 가야 한다고 자기주장을 한다. 그 결과, 마음에 대한 인식 없이 그저 열심히 살아가기만 하는 사람은 오늘은 권세를 좇는 호랑이가 가고 싶은 방향대로 갔다가, 내일은 천방지축 날뛰는 산양에 주도권을 잡히는 식으로 살아간다. 이런 식으로 사회적인 성취도, 어느 정도의 나쁘지 않은 인간관계도 손에 쥘 순 있겠지만 마음속 깊은 곳에서는 내 삶의 주인이 바로 나 자신이라는 감각이 없어 제멋대로 휘둘리는 자신이 어리석게도 느껴질 것이다. 각각의 동물들이 묶여 있는 밧줄

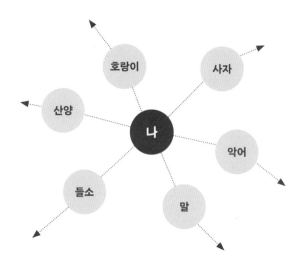

• 우리의 마음은 미처 인지하기도 전에 여러 방향으로 끌려다닌다. 이 과정에서 우리의 삶은 쉽게 혼란과 고통에 잠식된다. 상위인지라는 마음의 힘을 키워야 하는 이유가 여기에 있다.

(2장)

들을 자신이 통제하지 못한 채 계속해서 끌려다니기 때문이다.

여섯 마리의 동물들이 묶여 있는 밧줄을 하나로 틀어쥘 수 있을까? 자신의 마음을 원하는 대로 컨트롤하기 원한다면 결국 이 질문을 스스로에게 던져야 한다. 각각의 마음이 이끄는 대로 딸려 가는 삶이 아니라 각각의 동물의 성향을 내가 완전히 파악하고, 그 동물이 이끄는 방향과 힘을 파악하고 있어야 하는 것이다. 동물의 성향, 힘의 방향과 정도를 파악한다는 것은 어떤 의미일까? 여기에서 현대심리학의 용어를 잠시 빌려 와 이해의 깊이를 더하고자 한다.

1970년대, 영국의 발달심리학자인 존 플라벨(John Flavell)이 창안한 '메타인지(meta-cognition)'에 대해서 들어본 적이 있을 것이다. 이는 자신의 생각이나 지식을 객관적으로 검증하는 능력, 내가 무엇을 아는지 알고, 내가 무엇을 모르는지를 파악하는 능력을 가리킨다. 최근에는 이 단어가 학생의 공부능력과 관계된 표현으로 자주 쓰여 단지 지식습득이나 학업능력에 한정된 능력으로 인식하는 이들이 많은데, 메타인지는 엄연히 '자신의 인지 활동을 한 차원 높은 시각에서 관찰'하는 상위인지 작용을 의미한다. 내가 어떤 동물들에 묶여 있는지 그 동물들이 나를 지금까지 어떤 방향으로 몰고 갔는지를 이해하는 과정이 바로 메타

〈 알아차림의 문 너머 〉

인지의 영역이 된다. 어떤 마음의 패턴을 가지고 있으며 그 마음의 패턴들이 어떤 상황에서 더 강력하게 일어나고 내 삶에 영향을 끼치는지 볼 수 있어야 하는 것이다.

긴 시간 동안 자신에게 영향을 끼쳐온 많은 힘을 파악하고 알아차리는 것이 마냥 쉬울 순 없다. 자기 성찰의 과정이 몇 권의 책이나 몇 주간의 상담, 하루 몇 분의 명상으로 가능할 것이라고 생각한다면 이것도 욕심이고 오해일 것이다. 게다가 그 과정은 자신을 속속들이 지켜보아야 하는 것이기 때문에 그렇게 유쾌할 수도, 편안하거나 쾌적할 수도 없다. 하지만 인생에서 이러한 시간을 할애하지 않는다면 남은 삶은 그 어떤 성취를 거둔다 해도 여전히 공허함과 불평의 뫼비우스 띠 위에서 무한히 반복될 것이다.

단지 내가 무엇을 좋아하고 무엇을 싫어하는 사람인지를 안다고 해서, 그것이 '나를 아는 것'일 수 없다. 그 정도가 나를 아는 것이라면, 반찬 투정하는 세 살짜리 아이도 자기 자신을 다 알고 있다고 말해야 옳을 것이다. 한 단계 더 들어가 자신이 어떤 것을 좋아하고 싫어하는 그 마음이 어디에서 오는지를 볼 수 있어야 한다. 또 거기에서 한 단계 더 들어가 자신의 마음이 움직이는 방향과 그 심부에 존재하는 의도까지도 실시간으로 목격하고 따라갈 수 있어야 한다. 그 모든 것을 '있는 그대로' 바라볼 수 있도록 체계적인 시스템에 의해 자신을 훈련하는 과정이 곧 수행이다.

나를 내가 원하는 삶의 방향으로 컨트롤하기 원한다고 말하면서, "다 잘될 거야!"라는 말로 자신을 손쉽게 위로하거나 "이런 생각은 그만하자!"라는 말로 자신을 다그친다면 자신을 컨트롤하는 능력으로부터 오히려 점점 멀어지게 될 것이다. 우리 중 대부분은 타인의 욕망을 내 것으로 착각하고, 쉴 새 없이 일어난 마음에 끌려다니다가 삶의 끝에 선다. 나의 주인이 된다는 것이 무엇인지에 대해 영원히 모른 채로 이 삶이 종료된다.

자신의 삶을 원하는 방향으로 이끌기 원하는가? 자기 마음의 완전한 주인으로 살아가기를 바라는가? 삶의 모든 순간에 깨어 있기를 진정으로 바라는 마음이 당신 안에 존재하는가? 지금 나에게 일어난 한 호흡에 온전히 머물러 그것을 조바심 없이 바라보려는 순간, 진정한 의미에서의 마인드 컨트롤은 시작된다. 편안해지려는 욕망, 남들보다 멋지게 살고 싶은 욕망 때문에 명상하는 것이 아니라 지금 여기 앉아 호흡하는 나에게 그 어떤 마음도 일으키지 않고 지금이라는 순간을 맛보게 할 수 있을 때 진짜 마인드 컨트롤의 공간이 열린다. 자신의 마음속을 완전히 들여다보고, 그것을 단속할 힘을 손에 쥐는 것이다.

(알아차림의 문 너머)

하지만 고백하건대 이 모든 과정이 참 쉽지 않다. 앉아서 눈을 감아보면 알 수 있다. 단 한순간도 마음속 동물이 그 자리에 있는 법이 없다는 것을, 어제는 제법 잠잠했던 녀석들이 오늘은 작심한 것처럼 자기가 가고 싶은 대로 제멋대로 움직인다는 것도 말이다. 나 역시 처음 명상을 배울 때, 내 마음이라는 것이 속절없이 멋대로 움직이는 것을 확인하고 어찌나 충격받고 또한 좌절했는지 모른다. 하지만 또한 확실하게 말할 수 있는 한 가지가 있다. 그럼에도 불구하고 앉아서 계속 호흡을 지켜보면 반드시 알게 된다. 이 고귀한 훈련의 시간이 쌓일수록 나는 끊임없이 나를 내려놓게 된다는 것을. 그래서 내 마음속에 일어나는 모든 현상들을 있는 그대로 이해하는 힘이 생길 때가 오면 비로소 내가 나를 컨트롤하는 진정한 주인이 될 수 있다는 것을 말이다.

나는 더 많은 사람들에게 자신의 마음을 단속하고 조절하는 방법에 대해 전하고 싶다. 우리를 삶의 다양한 고통으로 끌고 다녔던 이 동물들과의 연결도 하나씩 희미하게 만들 수 있는 방법이 있다는 것을, 그리고 결국 우리는 이 모든 밧줄로부터 풀려나게 되리라는 것을 알리고 싶다.

●────────── 호흡을 지켜보는 일은 일견 단순하게
보이지만, 막상 호흡을 지켜보려고 하면 그것은 쉽지
않다. 호흡을 하는 도중 끝없이 생각이 떠오르고, 긴장
이나 짜증이 올라오기도 하며, 규칙적인 호흡에 지나치
게 몰입한 탓에 과장된 심호흡을 하거나 호흡을 조작하
는 노력을 하게 되기 쉽다. 호흡과 마주하는 순간, 우리
가 삶을 대하는 태도 또한 이렇게 드러난다.

처음엔 익숙하지 않을 수 있지만, 사실 모든 일은 처음
엔 다 낯선 법이다. 지금 이 순간, 나의 호흡을 지켜보
는 것이 나의 현재를 바라보는 가장 고귀하고 아름다운
방법임을 기억한다면, 삶의 거친 물결에 휘둘리지 않고
중심을 찾는 삶으로 향하게 될 터다.

(알아차림의 문 너머)

내향형 인간의
우울감 극복기

내 인생의
다정한 목격자가 되다

나의 MBTI(Myers-Briggs Type Indicator) 유형은 'INTP'다. 이 결과치는 영원히 변하지 않는 고정값이 아니라 살아가다 보면 다양한 경험 속에서 바뀌기도 한다. 아마 3년이나 5년쯤 뒤에 다시 검사를 해보면 내 결과도 바뀌어 있을지 모르겠다. 하지만 죽는 날까지 이 테스트를 수십 번은 더 한다고 해도 결코 바뀌지 않을 한 자리는 있다. 가장 앞의 글자, '내향형(introversion)'을 뜻하는 'I'라는 글자다.

태어나서 나 자신을 인지하게 된 순간부터 이 글을 쓰는 바로 지금 이 순간까지 나는 언제나 내향형의 인간이었다. 학년이 바뀌고 새로운 친구들을 만나야 할 때마다 마음이 너무도 힘들었고, 늘 혼자 조용히 앉아 책을 읽거나 공상하는 것을 좋아했다. 너무 활발하거나 말이 많은 친구와는 친해지기 어려웠고, 어떤 무리에 가든 나와 친한 사람은 한 명 혹은 두 명을 넘지 않았다. 10대가 지나가고, 스무 살, 서른 살이 지나고 직장에서 높은 연차가 되었어도 이 성향은 변하지 않았다. 모두가 거나하게 취해 노래방이 떠나가라 음주 가무가 이어지던 어느 회식 자리, 술에 잔뜩 취한 한 선배가 내게 다가와 "정은아, 너는 왜 자신을 내려놓고 남들처럼 놀지 못하니?"라며 취기를 빌려 진지한 표정으로 물었을 때 당시에는 내가 내향형임을 자각하지 못했던 터라 그저 내 사회성에 문제가 있는 건 아닌가 했다.

회사 생활을 완전히 정리하고 난 후, 꽤 길었던 연애가 불시에 끝나고 나서도 이런 느낌을 받은 적이 한 번 더 있었다. 사랑했던 사람과 이별하고 나서 나는 한 달 정도는 영영 집 밖으로 나가지 않을 사람처럼 살았다. 그렇게 좋아하던 웨이트트레이닝조차 할 힘이 없어서 헬스트레이너에게 언제 다시 운동을 시작할지 알 수 없다고 말하기도 했다. 그러던 어느 날 동갑내기 친구에게서 전화가 걸려왔다. 내 이별에 대해 이미 알고 있던 친구는 들뜬 목소리로 나에게 이태원으로 나와서 놀자는 이야기를 했다.

(알아차림의 문 너머)

"너 그렇게 집에만 있으니까 기분이 계속 처지고 그놈 생각만 나는 거야. 사람은 사람으로 잊는다는 말 몰라? 일단 차려입고 나와서 사람 많은 데서 놀면서 풀어! 그럼 분명히 힘이 날 거라고."

친구는 어떻게든 나를 집 밖으로 끌어내서 힘을 주려고 했지만 나는 일언지하에 거절했다. 밖으로 나가는 것도 싫었고, 많은 사람들이나 시끄러운 음악이 있는 곳에 가는 것도 싫었다. 그냥 집에서 조용히 있는 것이 훨씬 유익하고 나답다고 느꼈다.

다른 사람들과 함께 있을 때 에너지가 충전되는 'E'형에 비해, 나와 같은 'I'형은 정반대의 방식으로 에너지를 충전한다. 함께 있는 사람의 수가 많으면 많을수록 에너지를 빼앗기고, 어떻게든 혼자만의 시간과 공간이 확보되어야 안정적인 멘털을 유지할 수 있다. 하지만 안타깝게도, 대학원에 들어가 MBTI를 비롯한 CST 성격강점검사(Character Strengths Test), MMPI 다면적 인성검사(Minnesota Multiphasic Personality Inventory), TCI 기질 및 성격검사(Temperament and Character Inventory) 등의 심리검사를 진행하기 전까지 나는 내가 어떻게 에너지를 충전하는 사람인지에 대해 정확히 인지하지 못했다. 외향적인 친구들의 쾌활함과 사교성이 늘 부러웠고, 그렇지 못한 나는 회식 자리에서 왁자지껄하게 웃으며 잔을 부딪치는 사람들 속에서 언제나 고독했다. 명랑하지 못한 나 자신에 대한 실망, 인생의 어떤 상처에 대해서 웃고 떠들며 털어낼 수 없는 나 자신에 대한 원망 같은 것들이 언제나 잔잔히 깔려 있었다.

나는 왜 명랑하지 못하지?
나는 왜 사람들에게 더 스스럼없이 다가가지 못하지?
나는 왜 이렇게 자주 혼자 남겨지고 우울하다는 느낌을 느끼지?

내 마음속에는 언제나 이런 문장들이 철이 지나 먼지 쌓인 크리스마스트리의 전구처럼 희미하게, 그러나 내내 꺼지지 않고 깜박였다.

타고난 기질도, 성향도 내향형에 가까웠을 뿐이라는 것을 알게 되고 자신에 대한 자책과 원망을 상당 부분 내려놓았다. 사람들에 비해 내가 어떤 점이 부족하거나 잘못된 것이 아니라는 점을 깨닫자 나의 지극히 내향적인 모습을 감추지 않고 드러낼 수 있어 좋았다. "술자리에 네 명 이상 있으면 솔직히 힘들어요", "오늘은 혼자 있고 싶어. 사람 많은 곳에 가서 놀고 싶지 않아" 이런 말들을 참지 않고 할 수 있게 되었다. 세상에 존재하는 절반 정도의 사람은 나와 같은 느낌으로 살아가고 있다는 생각을 하면 어쩐지 응원받는 느낌 같은 것도 있었다.

하지만 그렇다고 모든 순간에 괜찮았던 것은 아니었다. 나의 커리어가 점점 확장되는 과정에서 내가 하는 일이 나의 내면적인 성향과는 잘 맞지 않는 상황들이 더러 생겨나기 시작했다. 혼자 조용히 있고 싶은 날이지만 몇 개씩 업무 미팅을 해야 했고, 내적으로 에너지가 완전히 고갈되었다고 느낀 날에도 에너지를 한껏 끌어올려 높은 목소리로 카메라 앞에서 유튜브 촬영을 하곤 했다. 방송에서 비친 냉철한 조언가로서의 모습 때문에 대중이 나에 대해 이런저런 이미지를 추측하고 기대하는 것도 때로 피로감의 이유가 되었다. 언제나 밝을 수도, 에너제틱할 수도 없는데……. 한편으로는 내가 딱히 밝은 모습이 아닐 때에 나를 만난 사람이 나를 역시 차가운 사람이라고 판단하지 않을까 신경이 쓰였다. 내가 하는 모든 일들은 내게 주어진 특별한 기회이고 기쁨이었지만 시시때때로 에너지가 채워지지 않는다는 느낌에 일을 마치고 돌아오면 순식간에 녹다운이 되어 다음 날은 아무것도 하지 못하는 경우도 많았다.

일을 마치고 돌아와 옷도 다 벗지 못한 채로 소파에 쓰러지면 머릿속은 진공상태가 됐다. 무엇을 위해 이렇게까지 열심히 살고 있는지 자꾸만 되묻게 됐다. 밥도 제대로 먹지 못하고 일한 날에는 너무 허기가 져서 손발에 힘이 없어 혼자 배달 음식을 시켜 먹는 것 외에는 할 수 있는 게 없다는 생각에 깊은 외로움도 올라왔다. '아니, 이렇게 열심히 살았는데 같이 저녁 먹고 싶은 사람 하나가 없는 거야? 뭐, 약속을 잡아 누굴 만날 체력도 없으니 속상해할 것도 없네.' 그렇게 피로함과 외로움이 겹쳐지는 순간, 내향형 인간에게는 대체로 도망칠 곳이 없다. 머릿속에는 이런 말들이 울려 퍼지고, 별안간 눈물이 왈칵 쏟아졌다.

'아, 우울해. 내 인생은 정말 우울해. 우울하지 않고 싶어! 누가 날 좀 도와줘!'

간신히 나 자신을 지켜내고 돌보는 힘은 갖게 되었지만 그렇다고 이 기분을 역전시킬 힘까지는 없는 채로 나는 살아가고 있던 것일까? 종일 애쓰다 방전된 채로 귀가하면 거실에 누워 텔레비전 앞에서 네다섯 시간씩 자다 깨다 하며 이것이 내가 할 수 있는 최선의 충전이라 생각했다.

어느 날, 가까운 친구와 이런 마음에 대해 이야기하던 중 친구가 내게 물었다.

"정말 우울한 거야? 아니면 지친 거야?"

지극히 간단한 이 질문에 나는 별다른 답을 할 수 없었다. 친구

(알아차림의 문 너머)

는 나에게 잘 헤아려보라고 했다. 정말 우울한 건지, 아니면 단지 지친 건지. 많이 지친 날에 우리는 우울함과 지침을 구별할 수 없게 된다고 친구는 내게 또박또박 말해주었다. 그러게, 친구야. 정말 내가 느낀 것은 무엇이었을까? 나는 정말 우울했던 것일까? 아니면 지쳐 있기에 우울하다고 넘겨짚었던 것일까? 내가 '90퍼센트의 지쳐 있음'과 '10퍼센트의 우울함'을 100퍼센트의 우울감으로 착각한 것은 아닐까? 지쳤다는 감정을 충분히 보아주지 않았기 때문에, 지쳐 있는 상황이 싫다고 마음속에서 마음대로 판단했기 때문에 내 감정이 무엇인지를 제대로 알 수 없었던 것은 아닐까?

그 후 다시금 내 체력을 넘어서는 힘든 일정이 며칠 지속되고 나서 한없이 지친 표정으로 현관을 열고 돌아와 거실에 대자로 뻗었던 어떤 날의 저녁이었다. 나는 그 친구의 이야기를 확인해보고 싶었다. 단지 지친 것인지, 아니면 정말 우울한 것인지. 그것을 헤아릴 수 있다면 분명 지금의 나에게 좋은 일이 될 거란 생각을 하면서.

그런 생각을 하면서 가만히 나의 몸에 주의를 기울였다. 그저 조용한 음악을 틀어두고, 조명도 은은하게 낮춘 채로, 오른쪽으로 누워 나의 오른팔을 왼쪽 가슴의 심장 근처에 가져다 두었다. 부지런히 뛰는 심장이, 내가 만들어진 이후 단 한순간도 쉬지 않고 나를 위해 뛰어준 심장이 거기에 있었다.

오늘 하루도 정말 수고했구나.

하루 동안에 내가 버티고 경험한 긴장과 애씀, 후폭풍처럼 남아 있는 공허함도 함께 거기에 있었다. 오른팔을 조금 더 뻗어 왼쪽 팔을 감아 등까지 살짝 만져본다. 내 손은 자연스럽게 그곳을 토닥였다. 지금 이 순간 오른팔이 해야 할 일은 오직 그것이라는 듯, 따뜻하고 다정한 손의 마음이 등으로 전해졌다. 그리고 그렇게 나는 알 수 있었다. 지친 채로 돌아와 누워 있다 보면 왜 별안간 눈물이 흘렀는지, 왜 그렇게까지 우울하다고 느꼈는지를.

토닥토닥, 나에게 위로를 전하고 내 몸에 무엇이 남아 있는지 충분히 느끼려 하면서 나는 자연스럽게 알게 되었다. 우울하다고 느꼈던 나의 정서는 두 가지 마음의 복합체였다. 하루 동안에 일어난 어떤 일에 대해서 '이것은 원하지 않아', '이건 싫어'라고 말하며 끊임없이 밀어냈던 나의 마음이 거기에 있었고, 에너지를 억지로 끌어올려 맡은 일을 잘 수행해야만 했기에 한계치까지 다 끌어다 써 방전된 내 몸도 거기에 함께 있었다. 나는 단지 열심히 살아내느라, 진심을 다해 나의 것을 꺼내놓느라 그 과정에서 많이 지쳤던 것이다. 우울하다는 것은 내가 덧붙인 생각이었을 뿐, 그것에서 나는 우울함의 어떤 실체도 찾을 수 없었다. 덧붙인 생각들을 나 자신이라고 착각하고 있었을 뿐이었다. 영속되는 자아가 존재한다고 믿었던 2500년 전 브라만교의 시대적 배경 속에서 태어났지만, "아무리 찾아보아도 나라고 부를 만한 티끌만 한 것조차 찾을 수 없었다"고 무아(無我)의 세계관을 설파한 붓다의 말씀이 생생하게 다가오는 순간이었다. 나는 과도하게 나 자신에 몰입하고, 내가 느끼는 순간순간의 감정에 이름을 붙이고, 부정적인 감정을 밀어내려고 애썼다. 그러나 그 모든 것들에 진정 나라고 부를 수 있는 것은 없었다. '나'라고 할 만한 것은 없고, 오직 일어난 마음과 지나간 경험만이 그 자리에 있었다. 나라는 존재에 대한 집착과 갈증을 내려놓은 찰나의 순간, 그렇게 나는 내 삶의 다정한 목격자가 되었다.

이제는 지쳤다고 해서 우울하다고 느끼지 않는다. 혹여 인생의 파도 속에서 깊은 우울함이 찾아온다고 해도, 그 또한 나는 다정하게 바라보고 그 모든 경험에 나 자신을 열어둘 것이다. 인생의 모든 순간, 나는 한순간도 그 어디에도 머무르지 않는 강물처럼 흘러간다. 나는 다정한 목격자가 되어 이 삶에 유연하고 아름답게 흘러갈 것이다. 그러니 당신이 오늘 우울하다면, 그저 말없이 조용히 한쪽으로 누워 당신의 심장에, 그리고 조금 더 팔을 뻗어 그 지친 등을 만져보기를. 당신이 요즘 어떻게 살고 있고, 이 순간 무엇이 당신에게 남아 있는지 단 몇 초 만에 알게 될 테니까. 남아 있는 것이 무엇이든, 당신은 누구보다 다정한 스스로의 목격자가 될 테니까.

(알아차림의 문 너머)

당신은 스스로의 뇌를
변화시킬 수 있다

신경가소성으로
삶을 바꾸는
비밀을 알다

우리는 하루 종일 생각을 한다. 아침에 눈을 떠서 밤에 눈을 감을 때까지 끊임없이 생각에 사로잡힌다. 오래전 일어난 일에 대해서 떠올리며 후회하거나 자책하고, 아직 일어나지 않은 일에 대해 걱정하고 불안을 느낀다. 몸은 현재에 있지만 마음은 수도 없이 미래와 과거를 오가며 마음속으로 끝도 없는 말을 만들고, 그 말에 의해 다시 또 다른 생각이 일어난다. '내가 한 생각'이라고 느끼지만 사실은 '일어난 생각'에 사로잡힌 상태이다.

일어난 생각에 사로잡히면 마음이 고요할 수 없다. 마음이 쉼 없이 만들어내는 말에 구속되고, 그 구속된 상태가 마음의 기본값으로 자리 잡기 때문이다. 그런 자신을 바꾸기 위해 무진 애를 써보아도 그 일은 결코 쉽거나 간단하지 않다는 것을 우리는 모두 경험으로 알고 있다. 이는 바로 습관 때문이다. 애초에 좋은 습관이 자리 잡았다면 좋았으련만 습관은 우리가 의식적으로 자각하거나 어떤 노력을 하기도 전에 일상에 자리를 잡아버리기 때문에 달라지겠다고 마음을 굳게 먹어도 쉬이 작심삼일이 되어버린다. 이처럼 더 좋은 삶을 끊임없이 갈구하고 변화를 도모하지만, 정작 그 모든 것의 중심에 있는 나를 바꾸는 것은 말처럼 쉽지 않다.

신경가소성의 개념은 변화를 꾀하는 사람이 기억해야 할 중요한 지식 중 하나이다. 1890년 미국의 심리학자 윌리엄 제임스(William James)가 『심리학의 원리(The Principles of Psychology)』를 통해 처음으로 제안한 이 이론은 간단히 말해 뇌가 새로운 경험에 따라 신경 경로를 재구성한다는 내용을 담고 있다. 인간이 살아가면서 어떤 경험을 하느냐에 따라 뇌가 유연하게 변화한다는 것이다. 그러나 그의 의견은 오랫동안 학계에서 지지받지 못했다. 청소년기가 지나면 뇌의 체계는 크게 변하지 않는다는 입장이 지배적이었기 때문이다. 그러나 이후 다른 연구자들에 의해 이 이론은 새롭게 조명되기 시작했다. 그중에서도 캐나다의 심리학자 도널드 헤브(Donald Hebb)는 신경가소성의 개념을 본격적으로 확장시켰다. 인간의 뇌는 나이와 상관없이 새로운 학습과 경험에 의해서 일생 동안 끊임없이 변화하며 "함께 전기화학적 신호를 주고받는 신경세포들 사이에는 새로운 연결이 생겨난다(Fire together, Wire together)"는 유명한 표현을 남겼다.

여기서 기억해야 하는 중요한 사실은 신경가소성은 그 자체로 중립적인 개념이라는 것이다. 뇌는 우리가 하는 경험에 의해 지속적으로 변하기 때문에 우리가 우리 스스로에게 어떤 경험을 하게 하는가에 따라 긍정적인 변화를 겪을 수도, 혹은 정반대로 부정적인 변화를 겪을 수도 있다. 아침에 일어날 때마다 오늘 있을 일들에 대해 불평과 걱정을 일으키는 사람은 그것이 자신의 패턴이 되어 삶이 점점 더 많은 불평과 걱정으로 가득하게 될 것이다. 반면 아침에 일어날 때마다 오늘의 행복을 찾아내기 위해 노력하는 사람은 그와 정반대의 내면을 갖게 될 것이다. 우리는 우리 자신을 더 나쁜 쪽으로도, 더 좋은 쪽으로도 만들어갈 수 있다.

신경가소성이라는 지식을 어떻게 삶 안으로 들여올 수 있을까? 삶을 지혜로운 방향으로 만들어가는 데에 이러한 지식이 정확한 이득이 되게 하는 방법은 무엇일까? 나는 작년 초, 간헐적으로 찾아오는 우울감에 이것을 적용해보기로 했는데, 결론부터 말하자면 효과는 매우 훌륭했다. 당시 나는 몸이 좋지 않아 갑작스러운 수술을 앞두고 있었다. 응급실에 실려 갈 정도의 극심한 통증, 불면, 그로 인한 피로감과 우울감이 한꺼번에 나를 덮쳤다. 몸이 편하지 않으니 마음도 편치 않은 날들이 이어지자 위기감이 닥쳐왔다.

'이렇게 열심히 살아서 무엇 하지? 이렇게 열심히 했지만 왜 나는 아직도 우울함을 극복하지 못했지?'

건강할 때는 들지 않았던 생각들이 폭풍처럼 밀려왔다. 내가 갖고 있던 심리적 방어선이 소리 없이 무너지는 느낌이 들었다. 혼자 집에 앉아 곰곰이 생각했다. 내가 분명 알고 있는 지식이지만 지금 이 순간 활용하지 못하고 있는 것이 있지는 않을까? 그때에 수년 전에 접해서 알고 있던 이 신경가소성의 개념을 떠올렸다. "함께 전기화학적 신호를 주고받는 신경세포들 사이에는 새로운 연결이 생겨난다." 몸이 건강할 때는 어떻게든 제법 잘 작용하던 내 마음의 근력은 몸이 경고 사인을 보내자 순식간에 그 힘을 잃고 오래된 습성으로 돌아가버린 것이다. 수년간 공부하고 명상했지만 몸의 무너짐을 버틸 만큼의 강한 연결은 아직 내 뇌에 자리 잡지 못했다는 것을 알아차리게 됐다.

〈 알아차림의 문 너머 〉

나의 오래된 습관적인 뇌

> 사는 게 힘들다. 괴롭다. ➡️ 이렇게 열심히 살아서 무엇 하지? 나는 왜 아직도 이렇게 별로지?

신경가소성에 따라 변화한 뇌

> 사는 게 힘들다. 괴롭다. ➡️ 고통은 삶의 기본적 요소이고, 이 일을 통해 나는 더 성장할 것이다.

뇌를 열어서 직접 볼 순 없지만 내 뇌에서 일어나는 일이 무엇인지 생각해보는 것만으로 나는 빠르게 안정되었다. 그동안 심리학 공부도 하고, 명상도 하면서 많은 문제로부터 해방되었다고 생각했는데 몸의 문제 앞에서는 오래된 우울감이 인생의 전면에 재등장할 수 있다는 것을 인정하니 더 이상 나를 다그치지 않게 됐다. 다 해결했다고 생각한 어떤 문제가 또다시 시작된 것 같다면 그때야말로 더욱 겸허하게 내 상태를 알아차리고 한층 더 깊은 성장을 도모할 때라는 것도 알게 되었다.

수술해야 할 정도로 몸이 좋지 않다는 진단을 받았을 때 내 마음은 갈 곳을 잃고 휘청대며 운명을 탓했지만, 수술대에 오르던 날에 나는 나 자신과 완전히 화해한 상태였다. 그로부터 일주일 후 퇴원을 하기 위해 짐을 싸면서, 나는 내게 별안간 주어진 육체의 고통에 진심으로 감사했다. 이 일이 내 몸에 일어나지 않았다면 나는 고통에 대해 돌아볼 기회를 갖지 못했을 것이기에. 고통에 대해 돌아보는 이 며칠의 여정에서 나는 분명히 성장했기에. 신경가소성은 그저 활자로 존재하는 지식이 아니라 내 인생을 한층 더 성숙하고 풍요롭게 만드는 살아 있는 지식이 되었다. 어쩌면, 이후로도 뇌 속에서 굳어진 오래된 생각의 패턴들은 삶의 고통 속에서 나를 또 혼란과 우울로 이끌지도 모르겠다. 하지만 그때마다 나는 생생하게 깨어 있고 싶다. 오래된 마음의 습관을 내려놓고, 지금 정말로 필요한 성찰이 무엇인지 고뇌하며 마음속에 새롭고 귀한 회로를 만드는 사람이고 싶다. 이런 시간이 반복되면 삶이 얼마나 더 유연하고 풍요로워질지 정말로 기대된다.

하루가 지나고, 또 하루만큼 죽음으로 향하는 내 몸을 물끄러미 바라본다. 몸은 그렇게 점점 무너져갈 것이고, 이 몸에는 또 다른 방식으로 고통이 찾아오는 것을 막을 수 없을 것이다. 예고 없이 닥쳐올 몸의 노쇠와 고통에 온전히 대응할 수 있는가? 몸의 고통이 마음의 고통으로 번지지 않도록 심리적 방어선을 가지고 있는가? 몸은 속절없이 쇠할지라도 마음은 점점 더 지혜로워지는 삶, 이것이야말로 내가 간절히 바라는 것이다.

(알아차림의 문 너머)

부모를 탓하는 마음의
고통스러움에 대하여

✳

부모로부터 독립한다는 것의
진정한 의미를 알다

나는 평소에 예능 프로그램을 잘 보지 않는다. 말초적이고 가벼운 웃음만 자극하는 콘텐츠들이 너무 많고, 그렇게 가볍게 웃고 마는 내용들을 보고 나면 느껴지는 공허함이 싫어서다. 하지만 수많은 예능 프로그램들 중에서도 내 시선을 오랫동안 잡아끈 것은 정신건강의학 전문의와 부모가 만나 문제행동을 보이는 아이에 대해 상담을 하는 프로그램이다. 문제행동을 보이는 아이의 모습을 자극적으로 다뤄 눈살을 찌푸리게도 하지만 내가 눈여겨보게 되는 장면은 따로 있다. "우리 아이가 왜 이러는 걸까요?"라고 스튜디오를 찾아온 부모가 자신을 낳아준 부모와의 관계에 대해 이야기하다가 눈물을 흘리며 무너지는 장면이다.

내 아이가 문제를 일으켰기 때문에 내 아이를 고쳐보려고 방송 출연을 결심했지만 모든 이야기의 끝에서 비로소 알아차리게 되는 것이다. 이 모든 일들이 벌어지기 이전에 자신의 부모와의 히스토리가 존재하고 있었다는 사실을. 결국 정말 문제는 아이가 아니라 부모 자신에게 있었음을 깨닫고 회한과 미안함의 눈물을 흘리는 장면을 보며 나 역시 여러 번 눈물을 훔치곤 했다.

부모가 '한 인간으로서의 개인'에게 끼치는 영향을 어느 정도로 가늠하면 좋을까? 나는 그것이 한 사람의 초반 인생, 즉 태어나 성인이 되는 스무 살까지는 거의 절대적이라고 할 만큼 상당하다고 생각한다. 태어나서의 거의 모든 상황이 부모에 의해 결정되기 때문이다. 부모가 사는 집, 부모가 하는 말, 부모가 제공하는 음식, 부모가 보여주는 행동, 부모가 하는 크고 작은 모든 선택은 아무것도 선택할 수 없는 아이에게 전적인 영향을 끼친다. 부모가 아이를 진심을 다해 사랑하고, 그 사랑을 다양한 방법을 통해 물심양면으로 표현한다면 아이는 적절한 보호와 사랑 속에서 성장할 수 있겠지만 그렇지 않은 아이는 가장 보호받아야 할 시기에 보호받지 못해 생겨난 삶의 결핍을 온몸으로 받아들일 수밖에 없는 처지에 놓이게 된다.

부모와의 관계는 참 어렵다. 부모는 적어도 아이를 낳고 기르겠

(알아차림의 문 너머)

다는 의지로 자녀를 만나지만 아이는 세상에 태어나겠다고 결심한 바도 없고, 이 부모를 선택한 적도 없다. 태어난 조건과 상황이 어떻든 간에 자신의 삶의 요소로 받아들일 수밖에 없고, 그 요소들이란 단지 경제적, 사회적인 요소들에 한정되지도 않는다. 어린 시절, 모든 것을 부모에게 의존할 수밖에 없었던 시절에 접한 아주 사소한 한마디나 한순간의 표정이 평생 마음에 남아 영향을 끼치기도 하지 않는가. 사이가 좋아 보이는 부모 자식 간에도 어느 정도의 상처는 있으며, 명절과 각종 대소사마다 부모를 극진히 챙기는 사람도 효도는 하지만 그 안에 깊은 사랑이 존재하는지에 대해서는 확신하지 못하기도 한다. 맘에도 없는 효도를 하며 속으로는 애증을 키워가기도 하고, 그간 쌓인 분노와 상처가 너무도 괴로워 연을 끊고 서로 없는 듯이 사는 사람들도 많다. 그리고 이 모든 모습들의 공통점이 있다면 그건 부모로부터오는 부정적인 영향력에 여전히 종속되어 있다는 것이고, 부모에게서 온전히 독립하지 못한 것이라고 표현할 수 있을 것이다.

부모가 살던 집에서 나와 자기 집을 구해 밥벌이를 하며 잘 산다고 해서 독립이 아니고, 결혼해서 다른 가정을 꾸렸다고 해서 독립이 아니다. 외적인 시스템 안에서는 삶의 형태가 바뀌는 것을 독립이라고 부르겠지만 한 명의 독립한 개인으로 삶을 영위한다는 것은 단지 외적인 차원에서가 아니라 내적인 차원에서도

(2장)

그 독립성이 확보되어야 하기 때문이다. 겉으로는 완전히 독립한 사람처럼 보여도 내적인 차원에서는 완전히 유아기적인 차원에서 살아갈 수도 있는 것이 부모 자식의 관계가 갖는 특수성이며 또한 인간 삶의 어려움이라 말해도 좋을 것이다.

내적인 차원에서 부모로부터 진정한 독립을 이룬다는 것은 무엇을 의미하는 것일까? 마음이 너무 괴로워 마음공부를 하기 위해 떠났던 인도의 명상학교에서 나는 부모에 대한 내 마음을 돌아보게 되었다. 명상 선생님은 부모와의 관계를 '생각의 척추'에 비유하며 나의 궁금증을 풀어주었다. 척추에 문제가 생기면 몸의 다른 부분도 움직일 수 없게 되듯이, 부모와의 관계에서 상처를 받았지만 그것을 제대로 다루어 치유하지 못했다면 상처받았다는 생각에 점차로 지배당하게 되고 그것이 쌓여 생각의 습관으로 자리 잡는다는 설명이었다. 그리고 그 생각이 자신의 익숙한 사고 패턴이 되어 연인, 친구, 배우자 등 삶의 다른 관계에도 영향을 끼친다고 했다.

여기까지는 내가 심리학에서 공부한 애착유형 이론과도 비슷한 이야기라서 솔직히 별 감흥을 느끼지 못했다. 더 잘해줄 수 있었고, 더 사랑해줄 수 있었는데 그러지 못했던 부모의 잘못보다는 상처받았다는 생각을 한 자식의 잘못을 더 지적하는 말인 것 같

〈알아차림의 문 너머〉

아 마음속에서 저항이 올라오기도 했다. '부모의 잘못은 없나?', '부모가 한 번이라도 진심으로 사과하면 되는 일 아닌가?' 나는 선생님의 이야기를 인정할 수 없었고, 마음의 불편함을 느꼈다. 고민이 깊어질 때쯤, 그는 나에게 중요한 이야기를 들려주었다.

"부모가 당신에게 상처를 주었을 수 있어요. 그것을 부정하는 것이 아닙니다. 하지만 그것은 그들이 내적으로 괴로운 상태에 있었기 때문입니다. 그들도 그때는 당신처럼 그저 이 삶에서 고군분투하던 사람이었을 뿐이니까요. 그런데 이것은 생각해 보아야 합니다. 그 일이 이미 지나갔는데 여전히 곱씹게 되는 것은 무엇 때문인가요?"

나는 생각했다. 무엇 때문에 곱씹게 되는 것일까? 아버지가 나에게 했던 모진 말과 행동들을, 같은 공간에 있으면서도 내가 부르면 따뜻하게 웃으며 고개 돌려주지 않았던 엄마의 뒷모습을 왜 나는 수십 년이 지난 지금에 와서도 곱씹게 되는 것인지. 무엇 때문인지 하루 온종일 생각했다. 그리고 고통스러운 돌아봄 끝에 답을 얻었다. 그것은 바로 '탓하는 마음' 때문이었다. 나는 과거의 어떤 순간들을 캡처해 마음속 깊숙이 저장하고, 수시로 '불러오기'를 하며 끊임없이 탓하는 마음을 일으키고 있었다.

'나는 아무 잘못이 없어. 그들이 잘못했어. 그들은 내게 그래서는 안 됐어. 더 사랑해줄 수 있었잖아. 역시 나는 아무 잘못이 없어.'

탓하는 마음의 오랜 습관은 어느새 내 안에서 굳어져 나를 점점 더 자기중심적인 생각의 우물로 깊게 빠져들게 하고 있었다. 선생님은 비로소 탓하는 마음을 알아차린 내게 따뜻하나 단호한 표정으로 이렇게 말해주었다.

"탓하는 마음 때문에 문제가 해결되지는 않아요. 우리가 해야 하는 일은 '탓하는 과정'에 대해 주의를 기울이는 것입니다. 그러지 않는다면, 우리는 계속해서 상대가 틀렸다는 것을 알려주고 싶다는 생각으로 삶을 소진하게 됩니다. 상대가 틀렸다는 것을 알려주는 것이 우리 자신에게 어떤 이득이 있죠? 이것이 내 삶에 어떤 의미가 있나요? 탓하는 것은 이렇게 바보 같은 일입니다. 상처를 계속 들여다보는 일이 이렇게 어리석은 일이에요. 상처를 내려놓겠다고 결심해야 합니다."

나는 그제야 깨달았다. 경제적으로 독립했고, 부모님의 영향을 이제 더 이상 받지 않고 살아가고 있다고 생각했지만 그건 진실이 아니었다는 것을. 나는 여전히 부모를 탓하는 마음으로, 내가 받았다고 믿었던 그 상처를 머릿속에서 계속 살아 숨 쉬게 하며

(알아차림의 문 너머)

살아가는 어리석은 사람일 뿐이었다. 부모라면 이렇게 행동해야 마땅하다고 마음속에 이상적인 모습을 정해두고, 그 이야기를 틈나는 대로 부풀렸다. 부모님도 그때는 어렸고, 이 삶이 처음이었던 존재라는 것을 생각하지 못했다. 부모의 영향으로부터 완벽히 자유로워지기를 진심으로 바라고 외적으로는 제법 독립된 사람으로 살아왔으나 내면의 차원에서 나는 그들에게서 독립한 적이 없었다. 단지 부모에게뿐 아니라 나는 나를 둘러싼 세상에게 내가 훌륭하고 꽤 괜찮은 존재라는 것을 끝없이 증명하고 싶었던 거다. 또 내가 성공하기 위해 애써온 것도 내가 값어치 있는 인간이라는 걸 증명하고 보여주기 위한 몸부림이었다는 것을 알게 됐다. 그 결과, 나는 스스로에게 끊임없이 평가를 내리며 '이건 안 돼', '이건 부족해'라며 부정적인 이야기를 들려주고, 조바심을 내고, 자신을 소외시켰던 것이다.

나는 완전히 깨닫게 됐다. 부모로부터의 독립이란, 부모를 한 인간으로서 분리하여 바라보고 또한 내 마음을 투명하게 들여다볼 수 있을 때 얻어지는 내적인 상태이며 결실이었다. 성인이 되기 전까지 당신의 인생을 좌우했던 부모라는 세계를 완전히 이해하고, 그 세계를 놓아줄 수 있을 때 우리는 마침내 하나의 독립된 사람이 되는 것이다. 나는 그것을 이해한 뒤로 변화된 시선으로 삶을 볼 수 있었다. 결핍과 불평으로 가득하던 마음을 모자람 없이 들여다보고 나니 마음속을 짓누르던 큰 돌덩이가 사라지고 내적으로 아주 조용하고 깨끗한 빈 공간이 생겨나는 느낌이었다. 이제 나에게 남은 것은 그 빈 공간을 무엇으로 다시 채울 것인가에 대한 고민뿐이겠구나. 넘기려고 해도 넘어가지 않던 어떤 책장 하나가, 그렇게 스르륵 넘어갔다.

그 후로 몇 년이 지나, 나는 초기경전을 공부하며 새로운 시각으로 부모와 자식이라는 관계에 대해 돌아보게 되었다. 심리학의 애착이론으로 부모가 자식의 삶에 미치는 영향을 생각해보았고, 인도의 명상학교에서 부모도 그저 괴로운 상태를 경험한 한 명의 사람이라는 것을 이해했다면, 경전에서 이 모든 것을 포괄한 세계관을 접할 수 있었다. 경전에서는 모든 것이 연관(聯關)하여 일어난다고 보는, '연기관(緣起觀)'의 입장을 갖는다. "이것이 있으므로 저것이 일어나고, 이것이 일어나지 않으므로 저것이 일어나지 않는다"는 말은 연기설의 핵심을 아우르는데, 이 연기설은 또한 윤회라는 세계관으로도 이어진다. 우리가 살아가는 삶이 다만 한 번 살고 끝나는 것이 아니라, 우리가 짓고 만들어낸 모든 의도와 행위가 업(業)의 형태로 남아 현생은 물론 다음 생에도 지속된다고 본다.

윤회와 연기라는 세계관의 차원에서 부모 자식 간의 관계를 어

(알아차림의 문 너머)

떻게 조명할 수 있을까? 윤회의 고리에서 본다면 모든 것이 서로의 연에 의해 일어나므로, 나의 부모는 내가 심은 결과이고, 내 부모에게 나 역시 스스로 심은 것에 의한 결과가 된다. '부모는 나를 낳았지만, 나는 애초에 태어나길 원한 적 없는데……' 하고 부모를 원망한 적이 있다면, 이 원망의 마음은 윤회와 연기라는 세계관 안에서 참으로 근거 없는 마음이 되어버리는 것이다. 예를 들어, 부모를 잘 대접한 자신의 행위를 원인으로 뿌듯한 마음의 결과가 생기고, 그렇지 못해 마음이 불편한 결과가 생기지 않던가. 연기를 통해 관계를 바라보면 원망할 것도 미워할 것도 없다. 부모와 나 사이에 맺어진 이 중요한 인연이라는 결과는 이전에 오랫동안 쌓인 어떤 원인에 의한 결과물에 불과하기 때문이다. "네가 가끔 엄마한테 표독스럽게 말할 때, 내가 얼마나 상처받는 줄 아니?" 엄마의 원망 섞인 그 말을, 연기에 대해 배우기 전까지 나는 이해하고 싶지도 않았고 이해할 수도 없었던 것 같다.

서로가 서로에게 원인이 되었고, 결과로 남았을 뿐이라는 연기와 윤회라는 세계관을 통해 이 삶의 인연들을 보면 누구라도 마음이 겸허해지는 것을 느끼게 될 것이다. 끊임없이 돌아가는 삶의 수레바퀴에서 과거의 내가 쌓은 작용들에 의해 이 귀한 인연을 짓게 되었고, 이 삶에서 해결하고 보충해야 할 어떤 거대한 숙제가 있을지도 모른다는 생각을 하게 된다. 또한 부모는 언제고 나에게 내리사랑을 주어야 하는 존재가 아니고, 나 역시 부모에게 주어야 할 무엇이 있다는 것도 어렴풋이 느끼게 된다.

의무적인 마음도, 효도해야 한다는 생각도 아닌 진짜 사랑을 주는 존재가 될 수 있을 때, 우리는 완전히 성숙한 존재가 될 것이다. 사랑을 갈구하는 모드에서 사랑을 방사하는 존재로의 성장, 이 내적인 과제를 처리하지 못한다면 정서적으로 정처 없이 헤매게 될 터다. 그리고 자신을 알지 못한 상태에서 부모가 된다면 아이에게 상처와 결핍을 안겨줄지 모를 일이다. 나는 경전을 공부하면서 부모 자식의 인연 안에서 삶의 궁극적 의미에 도달할 수 있어야 한다는 생각에 이르게 되었다. 내가 오직 나에 대한 생각에 사로잡혀서 살았던 시간 동안 얼마나 많은 것을 놓치고 살았을까.

아빠의 팔순을 맞아 전국에 뿔뿔이 흩어져 살던 온 가족이 다 모여 사진관에서 가족사진을 찍던 날, 엄마는 예쁜 옷과 진주 목걸이를 하신 김에 혼자 증명사진도 촬영하셨다. 사진관에서는 이것을 장수 사진이라고 불렀지만 먼 훗날 이것이 영정 사진으로 쓰일 것을 엄마도 알고 나도 안다. 액자를 배송받아 엄마에게 드리니, 엄마는 나에게 이렇게 말씀하셨다.

(알아차림의 문 너머)

"정은아, 내가 살날이 얼마나 남아 있겠니? 나중에 내가 죽고 나서 너희들이 내 사진을 보면서 슬퍼할 생각을 하면 나는 그 생각만으로 이미 너무 슬퍼."

20대의 꽃다운 시절부터 삶의 매 순간을 자식을 향한 깊은 사랑과 걱정으로 채우던 엄마는 이제 당신이 세상을 떠난 어느 날, 우리가 겪을 슬픔마저 생각하고 속을 끓이신다. "누가 먼저 갈지 어떻게 알아요? 내가 엄마보다 먼저 갈 수도 있어. 그게 인생인데요"라고 말하니 무슨 소리를 하냐며 질색하는 엄마에게, 나는 여전히 살갑지 않고 모진 딸인지도 모른다는 생각도 한다. 문득 생각한다. 한 번 오면 한 번 가는 것이 정해져 있는 삶의 여정에서 엄마와 나는 이 삶에서 어떤 것들을 이번 삶의 또 다른 원인으로 남겼을까? 또한 이렇게 남은 원인들로부터 우리는 얼마나 많은 인과의 법칙들을 또 함께 경험하게 될까? 부모와 자식의 귀한 연을 갖고 나를 낳으시고 내 삶의 모든 것이 가능하게 해준 엄마가 모든 힘든 것들로부터 자유롭게 되시기를 진심으로 발원한다.

나의 어머니, 모든 위험에서 벗어나시기를.
나의 어머니, 부디 평온하시기를.

두 번째 화살을
쏘고 있지는 않은가?

더는 나에게 화살을
쏘지 않기로 했다

나의 오래된 별명은 '걱정은'이다. 직장인이던 시절, 함께 일하던 포토그래퍼 실장님이 붙여준 별명이다. 촬영을 하는 내내 상사의 반응이 좋지 않으면 어쩌면 좋으냐고 끊임없이 걱정하며 불안해하던 나를 애잔하게 바라보며 선물한 별명이다.

그로부터 시간이 훌쩍 지났지만, 나는 아직도 걱정에서 완전히 자유로워지지는 못한 것 같다. 여전히 걱정하고, 여전히 생각이 많다. 다만 그 시절의 나와 지금의 내가 다른 점이 있다면, 그것을 '알아차리는 정도의 차이'라고 말할 수 있다. 그때는 내가 걱정에 휩싸여 있다는 것조차 알아차리지 못했다. 그래서 온갖 생

（ 알아차림의 문 너머 ）

각을 만들어내고, 그것에 휘둘리기를 반복하며 그게 일상인 것처럼 살아왔다.

하지만 지금의 나는 걱정에 휩싸이기 시작할 때 그것을 알아차릴 수 있는 힘을 갖게 되었다. 하나의 걱정이 시작되고, 걱정에 또 하나의 걱정이 따라붙어 꼬리를 물기 시작할 때 그것을 섬세하게 포착하는 것이다. 그다음에 그것을 면밀히 바라본다. 그것이 세 개, 네 개로 불어나더라도 그 주시의 힘을 놓치지 않기 위해 애쓴다. 그 과정에서 명료한 지각의 공간이 열린다. '지금 이 순간, 나 스스로 괴로움을 만들고 있구나.' 여기까지 왔다면, 걱정은 더 이상 확장되지 않는다. 멈추고, 호흡하고, 지켜보면 거의 모든 걱정의 실체가 이렇게 파악된다. 어쩌면 이 모든 과정을 삶의 파도에 비유할 수 있지는 않을까? 우리는 그저 한 명의 작은 인간이기에 파도가 일어나지 않게 할 수는 없지만, 파도가 덮쳐올 때 그것에 침몰당하지 않고 그 파도에 올라탈 수 있는 힘을 가질 수는 있다.

이렇게 변할 수 있었던 가장 큰 이유가 무엇이었을까 생각해본 적이 있다. 변화가 일어난 것은 고통(pain)과 괴로움(suffering)을 구별하는 습관을 들이기 시작한 후부터다. 이 두 개의 단어는 일상적으로는 거의 비슷한 맥락에서 쓰이곤 한다. "그 일은 고통스러워", "그 일은 괴로워"라고 말하면 이 두 문장은 거의 같은 뜻으로 읽히기 때문이다. 하지만 초기경전을 공부하면서, 나는 이 두 단어를 구별할 수 있다는 것을 이해하게 되었다. 초기경전에는 마음을 다루는 다양한 비유들이 등장한다. 그리고 그 많은 비유들 중에서도, 〈화살경〉의 내용은 현세를 살아가는 우리 모두에게 묵직한 울림을 주는 비유가 아닐까 생각한다.

예를 들어 사람을 화살로 찌르고
또한 그를 두 번째의 화살로 찔렀다고 하자.
수행승들이여, 그렇다면 그는
두 개의 화살 때문에 고통을 느낀다.
수행승들이여, 이와 같이 배우지 못한 일반 사람은
괴로운 느낌과 접촉하면 우울해하고 피곤해하며
슬퍼하고 통곡하며 미혹에 빠진다.
그는 신체적이고 정신적인 두 가지 종류의 고통을 느낀다.
그런데 그에게 괴로운 느낌과 접촉하여 분노가 생겨난다.
그는 괴로운 느낌에 대한 분노를 느끼며
괴로운 느낌에 대한 분노의 경향을 잠재시킨다.
또한 즐거운 느낌과 접촉하여
감각적 쾌락의 즐거움에서 환락을 찾는다.
그것은 무슨 까닭인가?

(알아차림의 문 너머)

수행승들이여, 배우지 못한 일반 사람은 감각적 쾌락 이외에

괴로운 느낌으로부터 벗어나는 길을 알지 못하기 때문이다.

(중략)

그가 괴로운 느낌을 느껴도 속박으로 그것을 느낀다.

그가 즐거운 느낌을 느껴도 속박으로 그것을 느낀다.

그가 즐겁지도 괴롭지도 않은 느낌을 느껴도

속박으로 그것을 느낀다.

수행승들이여, 이 배우지 못한 일반 사람은

태어남, 늙음, 죽음, 슬픔, 비탄, 고통, 근심, 절망에 속박된 자

괴로움에 속박된 자라고 나는 부른다.

_〈화살경(Sallasutta)〉[14]

〈화살경〉의 내용을 관통하는 것은 '인간 삶의 고통과 괴로움'이
라는 문제다. 경전에서는 사람이 맞는 첫 번째 화살과 두 번째
화살의 비유를 들어, 고통과 괴로움의 차이를 선명하게 설명한
다. 여기서 첫 번째 화살(pain)은, 삶에 일어나는 당연하며 필연
적인 고통을 가리킨다. 실패하는 것, 몸이 병드는 것, 원하지만
얻지 못하는 것, 사랑하는 사람이 떠나거나 죽는 것……. 이 모
든 것은 우리 모두 피할 수 없는 사건들에 속한다. 무언가를 시

도했으니 실패하게 되고, 몸을 갖고 태어났으니 반드시 병들게 되며, 원하는 것이 있었으니 얻지 못하는 일도 일어나고, 관계가 있었다면 그것이 종료되는 것이 당연한 일이 된다. 그러므로 우리는 스스로에게 물어보아야 한다. 첫 번째 화살을 피할 수 있는 사람이 있을까? 그 어떤 고통도 경험하지 않는 사람이 존재할 수 있을까? 대답은 "아니요"일 것이다. 우리는 태어난 이상 누구나 삶에서 어려움을 만나게 된다. 첫 번째로 날아오는 화살을 피할 수 있는 사람은 단 한 명도 없다.

두 번째 화살(suffering)이 의미하는 것은, 첫 번째로 날아온 화살에 대해 내가 덧붙인 생각이나 행동들이다. 누구에게나 자신의 고통을 마주하는 것은 힘든 일이다. 또한 우리는 고통에 잘 대처하는 법을 모르기에 수많은 생각을 덧붙여 그 고통의 시간을 감당하려고 한다. 지나간 과거를 곱씹고 자책하며 타인을 원망하는 것, 오지 않은 미래를 걱정하며 미리 괴로워하는 것이 자신이 할 수 있는 최선의 방법인 양 그렇게 해왔을 것이다. 자책을 해야 개선될 수 있고, 미리 두려워해야 더 많이 대비할 수 있을 거라는 식으로 스스로를 설득한 결과다. 혹은 어떤 이는 첫 번째 화살을 맞은 후 너무 아픈 나머지 술이나 쇼핑, 일중독이라는 행동으로 도피하기도 한다. 고통의 감정을 더는 느끼지 않으려고 그 감정을 아예 차단하거나, 게으름 모드로 전환해 아무것도 하

(알아차림의 문 너머)

지 않으며 버티는 식으로 행동하기도 한다. 이런 식으로 우리는 첫 번째 화살이라는 삶의 고통에 대처하는 방법으로 두 번째 화살을 스스로에게 쏜다. 그것이 자신을 더 해치는 방법이라는 것을 알지 못한 채로, 오히려 자신을 더 많은 괴로움에 묶이게 하는 것을 깨닫지 못한 채로 그렇게 한다.

하지만 〈화살경〉의 조언은 냉정하리만치 분명하다. 두 번째 화살을 만들어 스스로에게 쏘는 이는 이것이 자신의 어리석음으로 말미암은 일인데도 두 번의 화살을 맞은 것에 분노하고, 이 고통에서 벗어나기 위해 탐욕적으로 감각적 쾌락을 추구하며 인생을 더 꼬이게 만들 뿐이라고 지적한다. 여기에 경고는 더 이어진다. 두 번째 화살을 쏘는 것으로부터 자신을 해방시키지 못한다면, 슬픔, 비탄, 고통, 근심, 절망, 괴로움에 속박되는 것은 물론 생로병사의 굴레에도 속박될 뿐이라고 설명하고 있다.

삶에 날아드는 첫 번째 화살은 분명 고통스럽다. 할 수만 있다면 그조차도 피하고 싶은 것이 사람의 마음이다. 하지만 첫 번째 화살을 피할 방법 같은 것은 없다. 흥미로운 사실은 그 화살로 인해 우리가 무너지는 게 아니라는 것이다. 우리를 무너뜨리는 것은 여기에 끊임없이 생각을 덧붙이는 것에서 비롯된다.

'이런 일은 일어나지 말았어야 했어!'
'이렇게 노력하고도 실패하다니, 나는 쓸모없는 인간이야.'
'왜 나에게만 이런 일이 일어나는 거지?'

삶의 고통을 있는 그대로 인정하지 못하는 사람은 이렇게 스스로 만들어낸 생각으로 인해 삶의 괴로움을 더하게 된다. 1차적 고통으로 인한 1차적 감정 때문에 삶이 힘든 것이 아니라 내가 나에게 일으킨 생각이 우리 삶을 더 힘들게 한다.

마음이 너무 힘들 때, 우리가 해야 할 일이 한 가지 있다면 온 힘을 내어 내 생각에 알아차림의 빛을 보내보는 일일 것이다. 지금 이 순간, 나는 첫 번째 화살을 경험하고 있는가, 아니면 두 번째 화살을 경험하고 있는가. 이 단순한 질문을 스스로에게 건네는 것이다. 단지 머리로, 피상적으로 질문해서는 변화할 수 없을지 모른다. 혼자만의 고요한 시간과 공간을 마련하고, 아주 잠시라도 자신에게 진실되고 진솔하게 질문을 건네는 의도와 태도가 중요하다. 삶의 문제를 해결하기 원하는 강력한 바람이 있고, 알맞은 질문이 있을 때, 삶은 때로 놀라울 정도로 큰 전환을 맞는다. 나 역시 그랬다. 마음속에서 끊임없이 떠오르던 걱정들과 이제는 그만 이별하고 싶다는 간절함이 있었을 때, 고통과 괴로움이라는 이 두 개의 화살을 배워 깨우치게 됐고, 이것을 통해 내

〈알아차림의 문 너머〉

삶을 애틋하게 돌아볼 수 있었다.

누구나 이 단순한 질문을 통해 오래된 마음의 습관, 고통을 괴로움으로 확장시키는 마음의 패턴을 내려놓을 수 있다. 삶이 건네 오는 첫 번째 화살을 명확히 인지할 수 있다면, 두 번째 화살 같은 것은 필요하지 않다는 것을 깨닫게 될 것이다. 누구에게나 고통은 존재한다는 것에 자신의 마음을 완전히 열 수 있을 때, 우리는 삶의 진실을 목도하고 이 제한된 몸과 마음에 자신을 가두지 않아도 될 것이다. "고통을 통해 성장한다"는 오래된 말은, 고통의 순간을 괴로움으로 확장시키지 않는 사람에게만 해당된다.

● —————————

고통 앞에서 나는 말한다.
삶의 이 고통은 피할 수 없다.

괴로움이 일어날 때 나는 말한다.
이 괴로움은 내가 만든 것이다.

고통에 마음을 열고
괴로움으로부터 해방되기 위해
나는 나를 쉼 없이 일깨운다.
이것은, 내가 내 삶을 사랑하는
정확한 방법이다.

(알아차림의 문 너머)

3장

현존의 문을 열다

"세 가지 굽은 것으로부터

절구로부터 공이로부터

그리고 곱사등이 남편으로부터 벗어나

잘 해탈되었고 훌륭하게 해탈되었다."

_《테리가타 - 장로니게경(Therīgāthā)》[15]

차별적인 세상에서
굴하지 않고 사는 법

✳

고통과 새롭게 관계 맺는
삶의 경지

몇 년 전, 한 휴양지로 갑작스런 출장을 떠나게 된 적이 있다. 워낙 급히 결정된 일이라 정보 검색 같은 것도 할 겨를 없이 오른 출장길이었다. 간 김에 며칠 더 머물기로 하여 나름 현지에서 유명하다는 스테이크 전문 레스토랑에 저녁 식사 예약을 했다. 레스토랑에 도착해 자리를 안내받은 후 곧 소문대로 훌륭한 음식이 차려졌다. 담당 서버가 음식을 놓아주고는 "한국 사람들은 기념사진 찍는 거 좋아하잖아요. 당신들도 찍어줄까요?"라며 다소 과장된 미소를 보여줄 때까지만 해도 그것이 단지 친절의 제스처쯤이라고 생각했다. 그런데 식사를 마쳐갈 무렵, 주변을 둘러보다가 조금 의아한 느낌이 들었다. 주변 테이블이 온통 한국인

〔 현존의 문을 열다 〕

과 중국인으로 채워져 있었기 때문이다. 현지인들은 이런 음식을 별로 좋아하지 않기라도 하는 건가? 다소 의문스러웠지만 우연한 일이겠거니 했다.

그런데 식사를 마치고 나오는 길에 우리가 앉아 있던 반대편 쪽의 홀을 보게 되었다. 그곳엔 온통 백인들뿐이었다. 짧은 순간이었지만 나는 순식간에 이 상황이 파악되었다. 우리가 한국인이라서 분리 조치되었던 것을. 유명 레스토랑에서 공간을 분리하여 차별적 의도를 가지고 자리 안내를 한다는 생각에 기가 찼고, 인증샷을 찍어주겠다는 선의도 조롱이었다고 생각하니 기분 좋았던 식사는 한순간에 엉망이 되었다. 그곳은 내가 간 모든 여행지 중에서 가장 자연이 아름다운 곳이었지만 차별과 불친절의 경험을 겪은 곳으로도 단연 최고의 곳으로 남아버렸다.

잠시 떠난 여행지에서 내가 특정한 인종으로 구분되는 경험은 나로 하여금 차별과 억압이라는 주제를 다시금 상기하게 만들었다. 빠르게 흘러가는 하루 속에서 당장 처리해야 할 업무나 과제를 처리하는 데에만 급급해 '잘 먹고 잘사는' 오늘의 문제에만 몰입해 있을 때는 당연히 이런 환경과 배경을 돌아볼 기회가 없다. 하지만 사회의 한 일원으로 살아가는 이상, 우리는 우리가 속해 있는 사회에 대해 완전히 무지하거나 무심한 채로 살아갈 수 없다. 어떤 사회에 속해 있다는 것은 그 사회가 가지고 있는 불합리의 요소가 내 삶에 영향을 끼친다는 의미이기 때문이다. 또한 명백히 그 사회의 차별적, 억압적 요소가 내 삶으로 들어온다는 의미이기도 하다.

일례로, 지금은 성별과 상관없이 모든 시민이 투표권을 갖고 있지만, 불과 100여 년 전에만 해도 이것은 당연한 권리가 아니었다. 1893년, 뉴질랜드에서 처음으로 투표권이 주어지기까지 이 세상에 살다 간 그 어떤 여성도 자신을 대표할 정치인을 뽑을 권리를 갖고 있지 못했다. 여성은 남성에 비해 능력이 떨어지고, 가정을 지키는 것이 본분이라는 억압적 가치관 때문에 오랫동안 여성은 정치적 권리로부터 소외되어 왔다. 20세기에 들어와서야 1902년 오스트레일리아, 1906년 핀란드, 1915년 노르웨이와 덴마크, 이후 캐나다, 러시아, 독일, 폴란드, 영국, 네덜란드, 미국이 여성의 참정권을 허락했다. 우리나라는 1948년 해방과 함께 여성참정권이 시작되었으니, 여성이 정치적 권리를 동등하게 인정받은 것이 채 100년도 되지 않은 셈이다.*

---

* 여성의 선거권은 자연스럽게 얻어진 선물 같은 기회가 아니었다. 여성의 선거권 획득을 위해 100여 년 전 여성들은 사활을 걸고 투쟁했다. 이 눈물 나는 참정권 투쟁의 역사를 다룬 영화로 〈서프러제트(Suffragette)〉(2016)를 추천한다.

(현존의 문을 열다)

초기경전 공부와 연구를 시작하며 나는 수천 년 전에 살았던 당시의 여성들이 어떤 사회적 상황에 처해 있었는지, 사회적 차별과 억압의 문제에 어떻게 대처했는지 확인하고 싶었다. 인도학자이자 팔리어 문학의 선도적인 학자였던 아이 비 호너(I. B. Horner)는 초기불교 문학 속에 드러난 여성의 삶을 토대로 당시 여성의 삶이 얼마나 열악하였는지를 밝혔다. 지금도 인도의 여성 인권 문제는 심각한데, 붓다 이전의 시대에 여성의 지위는 매우 낮아 존중이라는 것이 애초에 존재하지 않은 것으로 보일 정도다. 그는, "딸은 부모에게 불명예스러운 존재에 불과했고, 결혼 후에 딸을 낳았다면 그것은 고통스러운 일로 간주되었다"고 표현한다. 이렇게 당시 여성의 존재 가치는 오직 남성 중심 체제가 유지되는 데에 필요한 도구로서 인식되었다. 학자들마다 조금씩 표현은 다르지만, '가축'과 비슷한 취급을 받았다는 표현도 종종 등장하는 것을 보면 참담하다는 느낌마저 든다.

이토록 강력한 차별과 억압의 시대, 당시의 여성들은 어떻게 이러한 상황 속에서도 삶의 존엄을 이어가려고 노력했을까? 지금도 여전히 인류는 차별과 억압의 문제로부터 자유롭지 못한데, 도대체 그 시절에는 어떤 힘으로 이 삶의 질곡을 버티고 살아갈 수 있었을까? 나는 간절히 그 답을 찾고 싶었다. 그리고 《테리가타》라는 문헌이 그 해답이 되어주었다.

《테리가타》는 2500년 전, 카스트라는 강력한 계급제도와 맞물려 여성에 대한 차별까지 심각했던 당시 시대를 비추는 하나의 특별한 거울이다. 붓다의 가르침을 직접 듣고 따랐던 제자들의 시를 담은 경전이기 때문이다. 학자에 따라서는 이《테리가타》를 세계 종교 역사에서 여성의 서사에 초점을 맞춘 전무후무한 문헌으로 보기도 한다. 또한 '시'라는 형태를 통해 애착, 고통, 불행, 깨달음, 행복에 대한 여성 출가자의 관점을 풀어내 문학적 아름다움도 만날 수 있다. 초기경전의 문헌들이 대부분 붓다의 직접적인 가르침 위주로 되어 있으나《테리가타》는 일반적인 삶을 살아가던 여성의 목소리가 그대로 녹아 있어서 더욱 생생한 여성의 목소리를 접하게 된다. 그리고 많은 여성들의 이야기가 등장하는 그 경전에서 나에게 강렬한 인상을 남긴 것은 수행자 '쑤바 지바깜바바니까', 그리고 '쑤메다'의 시다.

쑤바의 시는 꽤 긴 편에 속한다. 내용을 요약해보면 이렇다. 망고 숲을 걷던 수행자 쑤바에게 한 악한이 갑자기 나타나 걸음을 멈추게 한 뒤 "젊고 아름다운데 출가해서 무엇하냐"며, "꽃이 핀 숲속에서 즐겨보자"고 희롱한다. 황금과 보석, 진주 장식은 물론이고, 값비싼 침대와 양털 이불을 선물할 것을 약속하며 쑤바의 외모를 입이 마르게 칭찬하기도 한다. 그러나 쑤바는 여기에 한 치도 흔들리지 않는다. "비난을 받건 칭찬을 받건, 즐겁거나 괴

(현존의 문을 열다)

롭거나, 나에게 새김이 확립되었으니 형성된 것은 부정(不淨)하다고 알아서 나의 정신은 어떤 경우에도 더럽혀지지 않는다"[16]며 악한을 꾸짖는다. 악한이 그럼에도 계속해서 쑤바의 눈이 아름답다며 칭찬하자 쑤바는 감각적 욕망의 허망함을 더욱 강조하며 "자, 당신을 위해 이 눈을 가지시오"라며 자신의 안구를 뽑아서 악한에게 건네었다고 기록되어 있다. 악한의 탐욕은 그 즉시 식어버렸고, 청정한 삶의 여인을 칭송하며 용서를 구했다는 내용도 덧붙여진다.

초기경전은 오래된 문헌이다 보니, 여러 사람을 통해 구전되어 조금은 과장된 내용이 첨가되었을 수 있을 터다. 그러나 숲에서 마주친 악한에게 이토록 용맹한 기개로 꾸짖고 대항할 수 있었던 쑤바의 모습은 '진짜 내면의 강함'이 무엇인지에 대해 곰곰이 생각해보게 만든다. 타인에게 조롱이나 희롱을 당했을 때, 단지 피해자의 위치에 서는 것이 아니라 그렇게 나를 조롱하고 희롱한 상대의 어두운 마음조차 쪼개어 교화할 수 있었던 힘이 무엇인지 생각해보게 만드는 것이다. 뿌리 깊은 혐오와 사회적 차별의 상황 속에서, 육체적으로도 악한에 비해 한참 약자인 상황에서 쑤바는 조금도 뒤로 물러서지 않고 자신이 아는 진리를 말하였다. 나를 공격하는 자와 같은 수준에서 이야기하거나 설득하기보다 비교할 수 없을 만큼 높은 차원에서 진리를 말하였다. 그런 쑤바에게는 조금의 두려움도 보이지 않는다.

쑤메다의 시는 《테리가타》에서 가장 긴 시로, 경전의 가장 마지막에 등장한다. 쑤메다는 왕의 딸로, 붓다의 가르침을 직접 접하고 출가해 수행자로 살 것을 다짐한다. 하지만 왕족과 결혼해 안락한 삶을 살기를 바란 왕과 왕비가 이를 순순히 허락할 리는 없었을 것이다. 괴로움에 울부짖는 부모와 정혼자였던 아니까랏따 왕에게 쑤메다는 용맹한 기개로 가득 차 이렇게 말한다.

존재의 다발과 인식의 세계와 감각의 영역은 형성된 것으로
태어남의 뿌리이고 괴로운 것이라고 이치에 맞게 성찰하는데
제가 어찌 결혼을 바라겠습니까?
매일매일 삼백 개의 창으로 새롭게 몸이 찔리고
백 년 동안 살해되더라도
괴로움이 종식된다면, 그것이 더 낫습니다.

자신의 머리가 타들어가는데
나에 대해 타인이 무엇을 할 것입니까?
늙음과 죽음이 쫓아올 때에는
그것을 부수기 위해 노력해야 합니다.[17]

(현존의 문을 열다)

이 말을 들은 쑤메다의 부모는 쑤메다를 설득하는 것을 포기하고, 아니까랏따 왕은 "그녀를 출가하도록 놓아주십시오. 그녀는 해탈의 진리를 통찰하는 님이 될 것입니다"라고 말한다.

《테리가타》의 시들은, 지금까지 몇 번을 읽어도 늘 뜨거운 눈물이 난다. 자신을 던지다시피 하여 부모에게 출가하겠노라 설득하던 쑤메다가 부모의 허락이 떨어졌음에도 불구하고 슬픔과 두려움에 전율하며 출가했다는 문장을 읽을 때면 그 슬픔과 두려움이 고스란히 전해져 나조차도 전율하게 된다. 호화롭고 안락한 왕족의 삶을 버리고, 부모도 버리고, 화려한 집과 옷가지도 버리고, 더우나 추우나 홀로 숲속에서 명상하며 사람들에게 식량을 받아서 살아가며 오직 지혜와 깨달음을 추구하는 길을 시작하는 마음이 어떻게 즐겁고 신날 수 있었겠는가. 당시의 평범한 여성들에게 나름의 이상적인 행복의 요소들로 여겨졌던 남편, 출산, 양육과 같은 모든 것을 포기하는 일이 어떻게 아무렇지 않을 수 있었을까.

《테리가타》를 들여다보며 당시 수행자들이 공통적으로 불평등한 삶의 조건을 통해 오히려 더 깊은 수행의 여정으로 들어섰다는 점이 내 마음을 사로잡았다. 여성을 동등한 인간으로 존중하지 않던 차별의 시대, 오직 진리에 대한 열망과 자신의 존재에 대한 간절하고도 깊은 성찰을 통해 그들은 수행자의 길로 들어섰다. 쑤바가 악한에게 강력한 기개로 대응할 수 있었던 것도, 왕족인 쑤메다가 그가 누릴 수 있는 모든 기쁨을 포기하고 수행자로 살아가겠노라 집을 떠날 수 있었던 것도 결국 성별과 지위, 처지를 떠나 자신의 삶의 의미를 명료히 깨달았던 각성이 선행되었기 때문임을 짐작할 수 있는 것이다. 여성의 몸으로 살아가지만, 이 삶의 의미가 단지 여성으로서 살아가는 것에 멈추지 않는다는 것을 그들은 일찌감치 이해했다. 성별과 지위는 눈에 보이는 조건일 뿐, 어떻게 태어났든 상관없이 우리가 이 삶에서 해결하고 반드시 깨달아야 할 중요한 과제가 있다는 것을 이해한 것이다.

고통의 종식과 깨달음이라는 절체절명의 과제 앞에서 한가롭게 같이 놀자고 희롱하는 악한도, 결혼해서 여자로서의 보호를 받으라는 부모의 간청도 소용없게 되어버리는 그 결정적 순간이 《테리가타》에 모두 녹아 있다. 여전히 다양한 형태의 차별이 존재하는 우리의 삶에 이 여성 수행자들이 전하는 고귀한 메시지는 이 땅에 살아가고 있는 모든 존재들에게 질문하고 있다. 우리의 삶에 어떤 고통이 존재하는지 볼 수 있어야 한다고. 그 고통과 어떻게 관계 맺고, 그 고통을 없앨 수 있는 길을 반드시 이 삶에서 찾아내야 한다고.

(현존의 문을 열다)

인도의 불교학자인 아샤 초비(Asha Choubey)는《테리가타》에 대해 말하기를, "이것은 여성의 서사이지만 수행자로서의 경험은 성별에 따라 다르지 않다는 것을 보여준다. 그러므로 이는 인간으로서의 서사 그 자체를 대변한다"[18]고 지적한 바 있다. 삶에 만연한 고통을 통해 있는 그대로의 삶의 현실을 직시하고, 이를 통해 개인적으로는 자신의 삶을 성찰하며 한발 더 나아가 고통스런 타인과 연대하고 힘을 모으는 한 인간의 모습을《테리가타》는 보여주고 있다.

가만히 그 글귀에 마음을 포개어본다. 야만의 시대에 태어났어도 놀라운 기개와 간절함으로 여성 수행자의 길을 걸어간 그 여성들에 대해서 생각하면서. '곽정은'이라는 내 이름 석 자도 내려놓고, '한국 여성'라는 사실도, '누군가의 딸'이라는 것도, '방송을 하고 글을 쓰는 사람'이라는 사실도 접어두고, 다만 이 삶이 갖고 있는 의미에 대해 가만 질문하고 또 질문한다. 가만히 손을 얹고 이 여성들의 삶과 내 삶을 함께 느끼다 보면, 그 삶과 이 삶이 크게 다를 것 없음을 느끼게 된다.

자신의 삶을 진정으로 사랑하고 좋은 삶을 살기 원하는 이들에게 내적인 차원을 들여다보는 탐구는 그것을 추구하는 모든 이들의 삶에 아름다운 방향성으로 기능한다. 그것이 '수행'이라는 지향점이다. 꼭 머리를 깎고 산속에 들어가야 수행자일까. 삶의 의미에 대해 질문하고 진리를 추구하는 누구나가 이 세계의 수행자이다. 인간의 행복은 물질 사회가 제한한 의미를 벗어나기 어렵고 성공의 의미 역시 그러하지만, 수행자로서의 행복은 지극히 내적이고 정신적인 차원에서의 일이기 때문에 거기에는 한계도 없고 억압도 없다. 그러니 수행자로 살겠다는 다짐은 고귀하고 고상하다.

수행자로 살겠다고 다짐하면 일상의 문제들에 치이고 고단할지라도, 이 모든 것이 수행자로 살아가는 여정에서 더 큰 깨달음으로 가기 위한 나룻배가 된다는 것을 이해하게 된다. 그리하여 고단한 현실 속에서도 새로운 해답을 얻게 되고, 우리 삶에 나타나는 고통의 문제들과 새롭게 관계 맺게 된다. 이전에는 고통이란 신속히 없애야 하고 나를 괴롭게 하는 원인으로만 기능했다면, 이제는 고통을 통해 삶의 새로운 깊이를 만나게 된다. 이것이 바로 고통과 새롭게 관계 맺는 삶이며,《테리가타》속 여성 수행자들이 도달한 삶의 경지였다. 뿌리 깊은 차별과 그로 인한 고통 속에서도 오직 진리를 탐구하기 원했던 이 책 속의 존재들에 비추어 나를 본다. 그리고 나에게 물어본다.

나의 이 하루는 이들에게 부끄럽지 않았는가?

（현존의 문을 열다）

나는 오늘 나의 성장에 기여하고 타인의 성장에 기여했는가?

나는 나를 억압하는 모든 것들로부터 잘 해탈되고 있는가?

나는 좋은 수행자의 삶을 살아가고 있는가?

● ——————— 사회적인 차별의 문제를 돌아보는 것
은 결국 삶의 고통이라는 영역을 돌아보는 것과 같다.
차별하는 사람도, 차별받는 사람도 고통의 문제로부터
자유로울 수 없기 때문이다.

나는, 인간이 서로의 고통을
덜어줄 책임이 있다고 생각한다.
차별에 대해 더 많이 이야기함으로써
우리가 더 인간다워진다고 믿는다.

(현존의 문을 열다)

명상을 이어가기
어려운 진짜 이유

마음챙김에 대한
오해

2016년, 우연히 들른 요가 스튜디오에서 처음으로 명상이라는 것을 접하게 되었을 때까지만 해도, 나는 명상에 대해서 그다지 호의적인 입장이 아니었다. 명상에 대해 생각하면 왠지 모를 불편감이 있었다. 만약 미국 대학에서 심리학을 전공한 마음 전문가 선생님이 명상을 지도한다는 설명이 없었다면 아마도 그 주말, 여섯 시간이나 되는 명상 수업에 참여할 결정은 절대 하지 않았을 것이다. 약간의 유머를 섞어 말한다면, 나는 그날 명상 수업에 가야겠다고 결심하게 만든 내 안의 사대주의에 깊이 감사한다.

그때까지만 해도 나는 전혀 알지 못했다. 내가 명상을 더 공부하고 내 삶의 깊숙한 영역으로 받아들이기 위해 이렇게까지 노력하는 사람이 될 것이라고는 말이다. 마음의 문제를 해결하고, 남은 생은 명상을 전하고 가르치는 사람으로 살기 위해 이렇게 열심히 공부하고 노력하게 될 줄은 정말 몰랐다. 인도의 명상학교에 가서 힘들게 지도자 과정을 밟고, 다시는 돌아가지 않으리라 생각했던 대학교에 돌아가 상담심리학 석사학위를 따고, 나와는 거리가 멀다고 생각했던 불교 수행을 학문적으로 연구하기 위해 박사과정을 밟았다. 기존에 하던 방송과 강연 관련 일들을 병행하며 학업을 이어나간다는 것이 결코 만만하지 않았지만 명상을 공부하는 일에 들인 시간과 비용, 에너지에 대해 단 1초도 후회해본 적은 없었다. 이 공부를 이 삶에서 접할 수 있게 된 모든 우연과 필연에 대해 감사하는 마음으로 가득했을 뿐. 마음에 대한 공부는 그렇게 나의 선택이자 운명이 되었다.

그때로부터 시간이 꽤 흐르고, 명상이라는 화두에 대한 시대적 인식에도 그간 많은 변화가 있었다. 이제 명상이라는 단어를 들었을 때, "그건 불교에서 하는 것 아니에요?", "그건 좀 사이비 같은 거 아니에요?"라고 묻는 사람은 없다. 구글의 직원 교육 프로그램으로 명상 프로그램이 알려지고, 실리콘밸리의 기업가들, 오프라 윈프리나 그 외 많은 할리우드 스타들이 명상을 하는 것으

(현존의 문을 열다)

로 알려지면서 명상은 그야말로 트렌디하고 매우 과학적인 자기계발의 방법으로 인식되기에 이르렀다. 유튜브에는 명상 관련 클립들이 높은 조회수를 자랑하고, 스트리밍 사이트에는 5분, 10분, 20분짜리 가이드 명상 음원을 골라서 청취할 수 있도록 다양한 버전이 올라와 있다. 이런 흐름을 타고 새벽에 일어나 자기계발에 힘쓰는 '미라클 모닝족'에게 아침 명상은 더 많은 성취를 끌어당기고 긍정적인 마음으로 이끄는 신비한 테크닉으로 인식되기도 했다. 바야흐로 명상이 패션이자 유행인 시대라고 말해도 좋을 상황이다.

그러나 우리는 명상의 본질에 대해 얼마나 잘 이해하고 있을까? 대부분의 새로운 정보를 온라인에서 습득하는 환경에서 손쉽게 명상을 경험하고 싶은 사람들은 보통 10분, 20분 길이의 가이드로 된 명상 클립을 주로 경험하게 되는데, 이로 인해 매우 큰 오해가 만들어지는 것 같다. "들이쉬는 숨에 편안함이 들어오고, 내쉬는 숨에 내 몸의 피로와 불편감이 빠져나갑니다." 명상 가이드에 자주 등장하는 특징적인 표현이다. 이 부드럽고 상냥한 가이드에는 좋은 것은 내 안에 들어오고, 나쁜 것은 내 몸 밖으로 빠져나가길 바라는 메시지가 담겨 있다. 거기에 맞춰 심호흡을 하다 보면 어쩐지 조금은 편안해지는 기분이 드는 것처럼 느껴지기도 할 것이다. 만약 기분이 조금 나아지는 효과를 본 후라면 필요에 따라 '잠이 오지 않을 때 도움이 되는 수면명상', '부정적 생각을 흘려보내는 명상', '자존감 높이는 명상'과 같은 썸네일을 클릭해 명상을 시도하게 될지도 모른다. 그렇다면 명상이란 불편한 느낌을 즉각적으로 없앨 수 있는 소화제나 진통제와 같은 것으로 인식되기 시작한다. 이때부터는 이 클립, 저 클립을 떠다니며 1.5배, 2배속으로 빨리 감아 내용을 대강 파악하며 들었을 때 더 기분이 좋아질 것 같은 클립을 서핑하는 단계에 진입한다.

집중력과 상상력이 좋은 사람일수록, 지금 느끼는 괴로움의 원인이 크고 확실할수록 오디오에서 나오는 가이드는 잠시나마 꽤 괜찮은 의지처가 되어준다. 잠시 느꼈던 평안은 이내 익숙한 자극이 된다. 그리고 '이건 너무 길어', '이건 배경음악이 별로야', '이건 많이 들어봤는데 요즘은 효과가 별로 없는 것 같아'라고 생각하며 내게 맞는 느낌의 가이드를 찾기 위해 손가락이 이리저리 움직이고 있다면, 마음은 더 이상 평안하지 않은 상태가 되었을 가능성이 높다. 이미 더 좋은 것에 대한 갈증과 기존의 것에 대한 불만이 마음을 사로잡았기 때문이다. 내 마음에 맞는 클립을 찾기도 힘들고, 왠지 더 나은 클립이 있을 것 같은 생각에 온전히 집중하기도 어렵다. 적당히 스트레스를 받은 날은 '그래도 명상 한번 하고 자야지'라는 생각이 들 수 있지만 너무 큰

(현존의 문을 열다)

스트레스에 압도된 날은 마음의 불편이 즉각적으로 해결되지 않아 '이런 게 다 무슨 소용이야?'라는 회의적인 마음이 들 수도 있다. 이런 일이 몇 번 반복되면 마음속에서는 이미 결론이 나버린다.

'나는 명상하고는 잘 맞지 않는 것 같아.'

전통적인 불교 수행의 영역을 공부하게 되면서 전 세계적으로 명상이 유행하는 흐름에 대해서 생각해보지 않을 수 없었다. 자신을 사랑하고, 더 좋은 삶, 그리고 더 평온한 삶을 살아가기 바라는 욕망 자체에는 전혀 문제가 없다. 자신을 괴롭히고, 타인을 괴롭히는 사람들을 만나는 것이 일상인 시대에 명상을 통해 자신의 내면을 돌보고자 하는 그 노력이 아름답고 귀한 것도 사실이다. 하지만 자신이 명상을 통해서 얻고 싶은 것이 무엇인지, 조금 더 치열하게 질문할 필요는 있어 보인다는 생각이 들었다. 개인적으로 명상 프로그램을 만들어 수업을 해온 지도 꽤 되었는데, 매번 수업에 앞서 내가 빼놓지 않고 하는 질문이 하나 있다. 바로 이 질문이다.

"왜 명상을 배우고 싶은가요?"

(3장)

그 질문에 대부분의 사람들은 자신이 경험하고 있는 특정하고 구체적인 문제를 해결하기 위한 목적으로 명상을 배우러 왔다고 대답한다.

편안해지고 싶어서.
스트레스로부터 해방되고 싶어서.
나를 괴롭히는 상사 때문에 힘든데 명상을 하면 대인관계가 좋아질 수 있다고 들어서…….

다양한 상황과 사정들이 있지만 이 모든 마음에 공통적으로 흐르는 것은 "좋은 기분을 느끼고 싶다"는 욕구로 압축할 수 있다. 삶이 고단하고 상황이 내 마음 같지 않으니 명상을 통해 좋은 기분을 느끼고 회복하고 싶은 마음일 것이다.

하지만 이 '좋은 기분'이 목표 지점이 되어서는 곤란하다. 그 좋은 기분도 결코 영원할 수 없기 때문이다. 하늘의 구름이 바람에 의해 그 모양이 시시각각 변하듯이 우리의 마음도 어느 한곳에 머무는 법이 없다. 아침에 좋았던 기분은 출근해서 상사가 무심코 던진 한마디에 이내 사라지고 불쾌감이 그 자리를 채우게 된다. 예능 프로그램을 보며 잠시 잊을 수 있었던 진로에 대한 고민은 자려고 누우면 머릿속을 맴돈다. 행복하거나 유쾌한 일은 생각만큼 자주 일어나지 않고, 맘에 들지 않거나 우리의 불쾌감을 자극하는 일이 훨씬 더 자주 일어난다. 불쾌한 기분을 느끼는 것이 싫고, 불쾌한 기분을 느끼는 나 자신을 참을 수 없어 우리는 손쉽게 우리의 주의를 환기할 수 있는 쪽으로 시선을 돌린다. 폭식, 야식 등 식이장애, 운동중독, 미디어중독, 쇼핑중독, 알코올중독, 자기계발중독, 모두 불쾌함을 느끼는 나 자신을 견디기 어려워 달아나는 과정에서 하는 선택들이다. 좋은 기분을 느끼고 싶은 마음은 자연스러운 것이지만, 그 마음은 순식간에 이기적인 탐욕으로 번진다. 마음의 성향이 애초에 그렇게 설정되어 있기 때문이다.

명상을 배우고자 하는 마음이 단지 지금보다 좋은 기분을 느끼고 싶은 욕구를 기반으로 하고 있다면 멈추어 그 마음을 들여다볼 필요가 있다. 누군가의 목소리가 녹음된 가이드를 듣고, 잠시 좋은 기분을 느끼며 '괜찮다, 괜찮다' 마음을 비워내는 것은 자신에게 최면을 거는 것이지 명상이 아니다. 인류가 오랫동안 쌓아온 마음훈련의 방법이 겨우 이런 식으로 오해되는 것은 안타까운 일이다. 불교 수행을 경험한 서양 심리학자들이 이 놀라운 경험을 본격적으로 더 많은 사람들에게 전달하기 위해 '마음챙김'이라는 이름으로 수행의 영역에서 종교적인 영역을 배제하고, 규격화하여 간단한 프로그램으로 명상 테크닉을 제시했다.

그것의 영향을 받아 수행의 본질적 의미가 곡해되어 여기까지 왔을 터다. 많은 것이 생략된 인스턴트식 수행 과정 중에 잠시 눈을 감고 호흡을 고른 상태에서 자신이 어떤 느낌을 느끼는지 알아차려보는 것, 그것이 곧 알아차림인 양 전해버리니 오해는 자연히 깊어질 수밖에 없다. 좋은 느낌을 느끼고 싶은 마음으로 내 마음을 느껴본들, 그것이 어떤 변화나 지혜를 가져오겠는가? 오히려 문제는 끊임없이 자신이 느끼는 느낌에 매몰되고, 좋은 느낌을 갈망하고, 불편한 느낌을 밀어내려는 우리의 탐욕에 더 기원을 두고 있는데 말이다. 그것을 생각해보아야 하지 않을까.

불교학자 정준영은 '빤야(paññā, 지혜)'와 '빠자나띠(pajānāti, 일반적인 앎이 아니라 대상의 본질과 구조에 대한 종합적인 이해를 포함하는 분명한 앎)'*에 대한 문헌 연구를 통해 이와 관련된 내용을 지적한 바 있다.

---

* 불교용어인 '빠자나띠(pajānāti)'는 '빠(pa)'와 '자나띠(jānāti)'가 합쳐진 동사로, '분명히 안다', '이해하다', '구분하다'라는 의미를 지닌다. 정준영은 이 상태를 일반적인 앎이 아니라 분명한 앎의 상태이며, 대상에 대한 단순한 인식뿐 아니라 대상의 본질과 구조에 대한 종합적인 이해를 포함하는 앎의 형태임을 강조한다. 또 '빤냐(paññā)'는 '지혜'라는 뜻으로, '빠자나띠'의 명사형이다. 즉, '명확히 그 실체를 꿰뚫어 아는 것'이 곧 '지혜'임을 이해할 수 있다.

(현존의 문을 열다)

"수행자는 괴로운 것은 버리고, 즐거운 것은 취하는 태도가 아니라 괴롭든지 즐겁든지 모두 나의 것이 아니라는 객관적 입장에서 현상들과 함께하지 않아야 한다. 이것이 '빠자나띠'의 역할이다. 그리고 이것이 괴로움의 소멸로 가는 길이다. 수행자는 현상으로부터 자아를 분리하여 마치 타인을 보듯이 나의 경험을 알아차리게 된다. 이것을 '빠자나띠'라고 부른다."[19]

그는 수행의 구체적인 방법을 다룬 초기경전 《마하사띠빠따나숫따(Mahāsatipaṭṭhāna Sutta)》를 언급하며 여기에 '빠자나띠'라는 단어가 언급되는 수로 그 중요성을 강조하였다. '사띠(sati, 알아차림 혹은 마음챙김)'라는 단어는 수행 방법을 집대성한 《마하사띠빠따나숫따》에 열 번 남짓 등장하지만, '빠자나띠(알아차림 이상의 분명한 앎)'는 무려 133회 언급되는 것을 근거로, 수행자가 궁극적으로 집중해야 하는 것은 마음챙김이 아니라 그 이상의 빠자나띠, 즉 분명한 앎이라고 설명한다. 더 좋은 기분을 느끼기 위해서 명상을 하는 것이 아니라 삶의 면면을 더 면밀히 알기 위해서 명상해야 한다는 것임을 깨달아야 한다고 그는 주장한다.

명상 열풍, 마음챙김 열풍 속에서 많은 사람들이 명상을 선택한다. 일어나서 5분만 투자해도, 잠들기 전 10분만 이어폰을 꽂고 오디오를 듣기만 해도 간편하게 명상의 세계에 발을 들여놓을 수 있다. 하지만 거대한 산의 입구에서 끊임없이 노크만 하다 돌아간다. 깊은 계곡에 어떤 물소리가 들리는지, 산 중턱에 어떤 꽃들이 만개했는지, 산의 정상에 오르는 길에 고통도 있겠지만 그 산 정상에 오르는 일이 이후의 삶을 어떻게 바꾸는지 알지 못한 채로 서성이다가 돌아간다.

그 옛날의 수행자들이 무엇에 의존함 없이 고요한 방 안에 홀로 앉아 자신의 호흡을 지켜보는 전통적인 수행 방법을 알고 나면 타인이 들려주는 명상 가이드나 마음을 안정시켜주는 피아노곡 같은 것들이 도리어 거추장스러운 요소가 된다. 자기 내면에 존재하는 고요함을 있는 그대로 발견하고, 그 안에 머무는 경험은 용기 내어 나 자신과 대면하기로 마음먹고 수행의 단계를 밟아 가고자 하는 사람에게만 가능한 영역이다. 궁극의 고요함과 성찰의 여정이 나를, 당신을 어디까지 데려갈 수 있을까. 나는 늘 이것을 생각한다.

당신은 단지 좋은 기분을 느끼고 싶은 사람인가, 아니면 최고의 지혜인 빤냐에 도달하기 원하는 사람인가? 기분과 지혜 사이에서, 오디오 가이드와 깊은 고요 속에서 무엇을 선택하느냐에 따라 삶의 빛깔 또한 달라질 것이다. 우리는, 결국 우리가 원하는 대로의 길을 가게 되어 있다. 무섭도록 공평한 배움과 성장의 길

213

(현존의 문을 열다)

위에서, 때로는 아무 말이 필요하지 않다는 생각이 든다.

다만 바라보고, 다만 듣고, 다만 느끼고, 다만 알아 고통과 함께
하지 않고 고통 안에 머물지 않으며, 고통의 너머에도 사이에도
있지 않아, 고통이 소멸되는 삶으로 가기 원한다. 나는 이보다
더 고귀한 삶의 목표를 알지 못한다.

그대는 이와 같이 수행해야 한다.
바히야여, 보는 데 있어 단지 바라볼 뿐이며,
듣는 데 있어 단지 들려질 뿐이며,
느끼는 데 있어 단지 느낄 뿐이며,
아는 데 있어 단지 알 뿐이다.

이렇게 수행할 때 바히야여,
그대는 그것과 함께하지 않을 것이다.
그리고 그것과 함께하지 않을 때,
그것 안에 있지 않을 것이다.
그것 안에 있지 않을 때,
그것의 너머 혹은 그 사이에도 있지 않을 것이다.
이것이 바로 괴로움의 소멸이다.

_《우다나(Udāna)》[20]

●────────── 왕족으로 태어났지만 삶의 비참함과
고통의 문제에 눈을 뜬 붓다는 가족도 지위도 약속된
부귀영화도 모두 버리고 부단한 호흡 수행을 통해 깊은
지혜를 얻었다. 그리고 자신의 제자들에게 "머리에 불
이 붙은 사람처럼 수행하라"고 말하며 게으름을 버리고
명상에 매진할 것을 강력히 권하였다.

"명상하라. 너희는 게으르지 마라.
나중에 후회하지 말라."

오늘도 이 말을 새기고 또 새긴다.
삶은 언제 끝날지 모르니,
나의 배움과 성찰에도 정해진 끝은 없다.

(현존의 문을 열다)

"과거로 거슬러 올라가지 말고
미래를 바라지도 말라.
과거는 이미 버려졌고
또한 미래는 아직 오지 않았다.
그리고 현재 일어나는 상태를
그때그때 잘 관찰하라.
정복되지 않고 흔들림이 없도록
그것을 알고 수행하라.

오늘 해야 할 일에 열중해야지
내일 죽을지 어떻게 알 것인가?
대군을 거느린 죽음의 신
그에게 결코 굴복하지 말라."

_《맛지마니까야》[21]

이 상황에서 벗어나고 싶다는
생각으로 가득 차 있다면

✳

자각의 대상을
몸으로 가져오는
호흡의 힘

강원도에 가서 하루 머물고 쉬고 오자며 떠난 고속도로 위에서
옆자리에 탄 친구는 끊임없이 자신에 대한 이야기를 했다. 사는
이야기, 아들 이야기, 하고 있는 공부 이야기까지. 이야기를 듣
던 중 차선을 옮기려 무심코 핸들을 우측으로 틀었다. 그리고 그
짧았던 '무심코'의 순간, 분명히 내 뒤에 있던 차가 내가 가려는
바로 그 차선에 와 있었다. 악, 소리를 지를 겨를도 없이 본능적
으로 다시 핸들을 틀었다. 순간적으로 차가 좌우로 세 번씩 완전
히 내 통제를 잃고 휘청댔다. 중앙분리대와 당장이라도 충돌할
것 같았다. 고속주행 중 핸들을 급격히 꺾으면 뒤쪽 차체가 물고
기 꼬리지느러미처럼 좌우로 흔들려 충돌 및 전복 위험까지 생

(현존의 문을 열다)

기는, 말로만 듣던 '피시테일' 현상이었다. 절체절명의 그 몇 초 간 '이렇게 죽는구나'라는 생각과 '이렇게 죽을 수는 없다'는 생 각이 수십 번쯤 교차했던 것 같다. 죽음이 내 손목을 낚아채려 하는 그때, 나는 온 힘을 다해 핸들을 붙잡았다. 몇 초가 흘렀을 까. 영겁의 시간이 지난 것 같은 그때, 차는 겨우 제 차선으로 돌 아왔고 나는 정신이 반쯤 나간 표정으로 가쁜 숨을 몰아쉬었다.

아직도 그날 그 순간을 떠올리면 나는 모골이 송연하다. 20년 무사고 경력에 내 차에 탄 사람들마다 운전 실력을 칭찬하고 부 러워할 정도였는데……. 다른 사람을 다치게 한 적도, 다른 사람 의 차에 작은 스크래치 한번 낸 적도 없었는데 그날 나는 한순 간에 모든 것을 잃을 뻔했다. 평범하고 아주 조금 지루했던 여행 길이 갑자기 황천길로 변할 수 있다는 것을, 사고와 죽음은 그런 식으로 전혀 예고 없이 내 인생에 나타나 모든 것을 사라지게 할 수 있다는 것을 알았다. 만일 내가 2초만 늦게 핸들을 틀었다면, 팔과 손에 힘이 부족해 핸들을 통제하지 못했다면, 트렁크에 짐 이 더 많이 실려 있었다면 차는 중앙분리대와 충돌 후 전복되고 최악의 경우 그때 내 삶은 거기에서 마감되었을 것이다.

숙소에 도착해 멍한 표정으로 한참을 생각했다. 운전이라면 늘 자신만만했었는데 나는 물론 함께 탄 친구를 위험에 빠뜨리고,

옆 차선과 뒤쪽에서 주행하던 차까지 위험천만한 상황에 놓이게 한 나 자신을 도저히 이해할 수도, 용서할 수도 없었다. 사고가 나지 않았으니 다행이었지만 이런 식으로 모든 것을 망쳐버릴 수도 있을 만큼 부주의한 순간을 내가 만들었다는 것을 받아들이기가 어려웠다. 어떻게, 도대체 이런 식으로 행동할 수 있단 말인가! 나는 밤새 뒤척이며 자책했다. 이렇게 큰 사고가 날 뻔한 이유를 찾지 못한다면 서울로 돌아가는 운전대를 잡을 수 없을 것 같았다.

밤새 그 상황을 머릿속으로 수없이 되감아본 끝에 그 순간을 재구성할 수 있었다. 그것은 아주 짧은 어떤 순간의 생각과 느낌이었는데, 내 옆에 앉아 있던 친구의 이야기를 그만 듣고 싶다는 생각, 그리고 불편하고 피로하다는 느낌 같은 것이었다. 늘 혼자 조용히 음악을 들으며 드라이브를 즐겨왔던 터라 친구의 이야기가 길어지자 슬슬 귀와 마음이 동시에 피로해지기 시작했던 거다. '난 관심 없는 이야기인데……', '원래 이렇게 말이 많았던가?' 하는 생각이 꼬리에 꼬리를 물자 마음에 작게 일어난 불만족스러운 느낌이 점점 커져 마음을 온통 채워버렸다. 운전에도 집중하고, 대화에도 집중하고 있는 것처럼 보였지만 사실은 '이 상황이 싫다', '벗어나고 싶다'는 불만족감으로 가득한 채였다. 그렇게 그 무엇도 온전히 하고 있지 않은 상태가 되었을 때 삶의

(현존의 문을 열다)

영역으로 죽음이 잠시 그 얼굴을 내밀었다.

우리는 자주 착각한다. 운전을 하고, 대화를 하고, 밥을 먹고, 끊임없이 현재에 어떤 행동을 하고 있으니 현재에 존재하고 있노라고. 물론 그 어떤 사람도 과거로 돌아갈 수 없으며, 0.0001초도 앞선 미래를 살아갈 수 없으니 몸의 차원에서는 맞는 말이다. 하지만 철학적이고 영성적인 차원에서 '현존(現存)'이란 단지 몸이 현재 순간에 있는 것만을 가리키지 않는다. 현존은 몸이 있는 곳에 마음이 함께 온전히 머물며, 이 순간의 경험으로부터 달아나지 않는 것을 일컫는 말이다. 미국의 저명한 위빠사나 명상가이며 심리학자인 타라 브랙(Tara Brach)은 현존의 의미를 "지금 이 순간의 자신의 경험을 온전히 자각하고 있는 그대로 체감할 때 일어나는, 깨어 있고 열려 있고 다정한 느낌"[22]이라고 정의했다. 그는 지금 일어나고 있는 매 순간의 경험을 인식하는 '깨어 있음(wakefulness)', 우리의 경험에 저항하지 않는 '열려 있음(openness)', 지금 일어나는 모든 일에 사랑과 연민, 경외로 반응하는 '다정함(tenderness)'을 현존의 세 가지 요소로 보았다.

타라 브랙은 현존과 자각을 인간의 타고난 본성이라고 주장했지만, 우리의 실제 삶은 예상에 쉬이 빗나가며 도무지 손에 잡히지 않으므로 본성과는 거리가 멀어지기 일쑤이다. 그렇기 때문에 현존과 자각의 모드로 살아간다는 것은 결코 쉽지 않으며 슬프게도 어쩌면 우리는 삶의 꽤 긴 시간을 현존하지 못한 채로 보내고 있는지 모른다. 지금 이 순간의 경험에 깨어 있기도, 지금 일어나는 일에 저항하지 않고 받아들이기도, 쉽지만은 않은 것이다. 마음은 끊임없이 이야기를 만들어내고, 우리는 그 떠오르는 생각에 휘둘려 끊임없이 번민한다. 몸은 현재에 있지만 마음은 쉴 새 없이 과거로 가 부정적인 사건들을 곱씹고 후회하고, 그러다 순식간에 미래로 옮겨가 아직 일어나지 않은 일에 대해 걱정하고 두려워한다. 마음으로 온갖 생각과 이야기를 만들어내는 와중에도 운전을 하고, 대화를 하고, 밥을 먹고 거의 모든 행동들을 최소한의 의식 작용으로 해낸다. 그래서 우리는 우리의 마음이 하염없이 부유(浮遊)하고 번뇌하며 삶의 현재성과 분리되어 고통에 빠진다는 사실조차 제대로 알아차리지 못한다.

현존은 얼마나 어려운가? 그리 달갑지 않으며 관심도 없는 내용의 대화를 할 때, 현존은 쉽게 깨어진다. 다른 생각을 불러일으켜 그 생각에 마음을 두고 그 순간의 자각으로부터 자신을 기꺼이 유리시켜 이 시간이 끝나기만을 기다리는 상태가 된다. '이야기 언제까지 들어야 하지?', '그만 듣고 싶은데 어떻게 말해야 할까?', '이런 이야기를 하는 저의가 뭐지?', '다른 이야기를 꺼내볼까?' 겉으로는 대화하는 것 같아 보여도 이는 피상적인 소

(현존의 문을 열다)

통일 뿐 대화의 심연으로 접어들지 못해 서로에게 의미 없는 시간이 되어버린다. 마음속 소리가 많아지면 오히려 관계가 멀어지기도 한다. 우리는 너무 생각이 많고, 대화는 쉽게 겉돈다. 그리고 이런 불편함에 대해서 어떻게든 결론을 내리고 싶어 한다. '그냥 저 사람과 내가 잘 맞지 않는가 봐' 하고.

그런데 현존은 또한 얼마나 더 어려운가? 달갑지 않은 대화를 할 때도 마음은 방황하지만, 좋아하고 소중한 사람과 대화를 할 때라도 마음은 방황한다. 서로 좋아하는 관계라면 당연히 즐겁고 행복한 대화를 상상하지만 현실은 그렇지 않은 것이다. 가족, 배우자, 연인같이 더 가깝고 소중한 사람과 대화를 하면서 오히려 얼마나 더 많은 상처를 주고받는가. 달갑지 않은 대화를 할 때는 '싫은 마음'이 끊임없이 우리의 주의를 빼앗아가고, 가까운 사람과 대화를 할 때에는 '바라고 갈망하는 마음'이 현존을 막아선다. 이들은 우리의 행복과 안위에 더 큰 영향을 끼치기에, 더 많은 걱정과 갈망이 고개를 드는 것이다. '방금 저 눈빛은 뭐지? 혹시 내가 싫어진 건가?', '저번에도 저런 식으로 이야기하더니, 또 저러네. 내 말이 말 같지 않은 건가? 혹시 다른 사람이라도 생긴 건가?', '조금만 더 따뜻하게 이야기해주면 안 되나? 나를 사랑한다면 이런 식으로 말하면 안 되는 거 아닌가?' 이러한 방식으로 현존과 멀어지게 되는 것이다. 이 삶에서 일어나는 대부분의 정신적 허기와 몸부림은 이렇게 현존으로부터 분리되어 생긴 결과들이다.

지금 당신이 그렇게 꿈꾸던 새 아파트에 입주하고, 원하던 차에 올라타 멋지게 드라이브를 즐기고, 따뜻한 휴양지에서 맘껏 행복을 누리고, 사랑하는 이와 충만한 대화를 나누는 상황에 놓여 있다고 상상해보라. 그런데 지금 당신은 어떤 마음인가? 깨어서 꿈꾸던 현실을 온전히 누리고 있는가? 아니면 좋은 집에서 다른 생각을 하고, 멋진 차에서 주변을 눈에 담지 못하고, 여행지에서 사랑하는 이와 대화를 나누고 있음에도 지루하다고 느끼고 있지는 않은가. 이 순간에 온전히 뿌리내리고 모든 경험에 자신을 열어두는 법을 알지 못할 때, 삶은 끊임없는 도망이 된다. 내면의 차원에서 탈진이 가속화된다.

그토록 바라던 잠깐의 여행길 위에서 나는 숱하게 마음속으로 '원하지 않아!'를 외치고 있었다. 친구의 이야기를 마음에서 밀어냈고, 빨리 이 순간이 지나가기를 바랐다. 나는 그 순간에 현존의 힘을 완전히 잃은 채였다. 마음을 꽉 닫은 채로 내 마음이 만들어내는 이야기에만 사로잡혀 있었다. 그 상황을 밀어내고, 시간낭비라고 은연중에 생각하며 과거로 미래로 떠다니며 번뇌하고 있었다. 그렇게 그 시각 그곳에서 달아나려는 힘이 너무도

(현존의 문을 열다)

거세져 친구의 목소리는 물론이고 운전하는 마음으로부터도 멀어져 찰나에 위험천만한 상황에까지 가 있던 나를 보게 되었다. 얼마나 많은 순간 이런 식으로 나 자신을 삶의 궤도에서 밀어내고 있었을까. 밀어내고 또 밀어내다 목숨마저 밀어내고 있었던 것일까.

이제는 마음이 또 어딘가로 방황하기 시작하는 것이 느껴지면 그저 가만히 호흡에 주의를 기울인다. 일어나는 모든 생각과 경험에 마음을 열기 위해 자각의 대상을 몸으로 가져오기 위한 최소한의 노력이다. "몸에서 몸을 관찰하고, 느낌에서 느낌을 관찰하고, 마음에 대해서 마음을 관찰할 때, 있는 그대로의 실상을 볼 수 있게 된다"고 설한 붓다의 조언을 떠올린다. 이 순간, 몸이 있는 곳에 마음이 함께 머물고 있는가? 매 순간 자각의 힘을 일으켜 이 순간의 모든 것에 나를 열어낼 준비가 되어 있는가? 다시 돌아오지 않을 이 순간을, 온전히 현재에 머물며 살아내고 있는가? 마음의 노예가 아니라 마음의 주인으로 살고 있는가? 길 위의 죽음은 용케 피했지만, 언젠가 피할 길 없이 닥쳐올 죽음을 생각하며 나는 오늘도 스스로에게 묻고 또 묻는다.

> **이와 같은 방식으로 그는**
> **마음에 대해 마음을 안으로 관찰하거나,**

마음에 대해 마음을 밖으로 관찰하거나,

마음에 대해 마음을 안팎으로 관찰한다.

또는 마음에 대해 생성의 현상을 관찰하거나,

마음에 대해 소멸의 현상을 관찰하거나,

마음에 대해 생성과 소멸의 현상을 관찰한다.

단지 그에게 순수한 앎과 순수한 주의 깊음이 있는

정도만큼 '마음이 있다'라는 새김이 이루어진다.

그는 세상의 어느 것에도 의존하지 않고

세상의 어느 것에도 집착하지 않는다.

수행승들이여, 수행승은 이와 같이

마음에 대해 마음을 관찰한다.

_《맛지마니까야》[23]

(현존의 문을 열다)

쉬지 않고 달려온 당신,
죄책감이 아니라 이완이 필요합니다

행동 모드를 끄고
존재 모드를 켜기

스물셋의 겨울부터 서른일곱의 여름까지 나는 13년 넘는 시간 동안 조직 생활을 했다. 총 세 군데의 직장에서 일을 했는데, 그중 한 곳은 10년간 일을 했을 정도로 나름 끈기 있는 직장인으로 살았다. 그 후 어쩌다 보니 방송 활동과 전문 강연자로서의 길을 병행하게 됐고, 더 이상 조직에 속해 일하는 게 맞지 않겠다는 생각이 들어 결국 퇴사를 하게 됐다.

그렇게 10년, 지금까지 나는 혼자 일하고 있다. 일을 하는 모든 순간 혼자임을 감당해야 한다는 부담이 있고, 불규칙적인 업무 스케줄 때문에 일정도, 수입도 들쑥날쑥한 프리랜서의 생활이 만만한 것도 아니지만 다시 조직으로 돌아가고 싶다는 생각을 해본 적은 없었다. 몇 번의 콜이 오긴 했어도 나는 도저히 여러 사람과 부대껴 함께 생활해야 하는 사무실이라는 공간에 돌아갈 자신이 없었다. 매일 같은 사람과 같은 사무실에서 일한다는 것이, 그리고 그 사람들과 점심 식사를 하며 매일 비슷한 이야기를 해야 한다는 것이, 야근을 밥 먹듯이 하고, 끊임없이 울리는 단톡방을 견뎌야 한다는 것이 내키지 않았다. 조직에 속해서 내가 얻을 이득보다는 감당해야 하는 여러 책무와 관계에 대한 부담이 먼저 떠올랐다. 13년 동안 아무리 회사가 바뀌고 상사가 바뀌어도 바뀌지 않았던 내 직장 생활의 슬픈 초상화, 거기에는 인간관계에 시달리고 쉼을 바라며 주말을 기다리는 내가 있었다.

대학 생활 내내, 많은 청년들이 좋은 회사에 들어가고자 하는 목표 하나로 고군분투한다. 취업에 성공하면 합격이 주는 기쁨에 행복을 느끼는 것도 잠시, 출근과 동시에 여러 괴로움을 마주하게 된다. 직장 내의 인간관계가 주는 괴로움은 물론이거니와 낮에는 카페인을 들이붓고, 밤에는 불면에 시달리며 쉼 없이 돌아가는 일상이 주는 피로가 가장 클 것이다. 스트레스 누적으로 번아웃과 우울증, 공황장애를 경험하는 사람들도 늘어나고 있다. 사회가 많이 바뀌어 정신과 문턱이 낮아졌다고는 하나 휴가를

(현존의 문을 열다)

내서 정기적으로 병원을 찾는 것이 생각처럼 쉬운 일도 아니다.

많은 사람들이 입을 모아 중요하다고 말하는 일과 삶의 균형, 즉 워라밸은 단지 법적으로 정해진 업무 시간을 넘지 않으며 주말에 상사의 호출을 받지 않아도 되는 것 정도로 얻어지는 것이 아니다. 진정한 워라밸은 일하는 자신의 모습에 대해서 스스로 어떤 느낌을 갖고 있는지, 정말로 마음은 괜찮은지 그것을 편안히 들여다볼 수 있는 마음의 용기에서 비롯될 터다. 실제로 일이 재밌고 일하는 나 자신이 좋을 때는 밤을 새서 일을 해 몸은 피곤해도 마음만큼은 에너지가 넘치는데, 일 자체가 지루하고 같이 일하는 사람이 싫을 때는 한두 시간만 일을 해도 썩 즐겁지 않은 기억은 누구나 있지 않은가.

일하는 내가 진정 행복할 방법이 있을까? 어떻게 살아야 이 삶에서 깊은 행복에 접속할 수 있을까? 세상이 정해준 기준에 맞춰 매 관문을 통과하기 위해 고군분투하며 숨차게 여기까지 달려와 중년의 나이가 되어 늘어가는 주름과 흰머리를 보다 별안간 정신이 번쩍 들었다.

"앞만 보고 달려왔구나!"

수년 전, 직장인들을 대상으로 명상 수업을 하던 중에 한 참여자가 했던 말을 나는 아직도 잊을 수 없다. 그녀는 고작 2분간 눈을 감고 호흡에 잠시 머물고 나서 이내 고개를 갸우뚱거리며 걱정스러운 표정으로 이렇게 말했다.

"그냥 이렇게 앉아서 호흡만 하고 있으려니 이래도 되나 하는 죄책감이 엄청나게 올라와요."

인간의 모드는 활동 모드(doing mode)와 존재 모드(being mode)로 나뉜다. 열심히 대응하는 모습으로 살아가는 외부적인 활동 모드가 즉 'doing mode'라면, 내면의 존재 상태와 관련이 있는 게 'being mode'다. 끊임없이 무언가를 해내야 하고, 그래서 달려야만 했던 '활동 모드'를 내려놓는 일은 그에게 생경한 죄책감마저 불러일으켰다. 자신이 어떤 상태인지 느끼기 위해서는 '존재 모드'에 들어와야 하는데, 그런 시간을 한 번도 경험해본 적 없으니 이것이 낯설다 못해 의문까지 들게 한 것이다. 우리가 우리의 내면에 온전한 주의를 기울이고, 그저 아무것도 하지 않고 다만 현재의 시간에 온전히 머무는 연습이 존재 모드에 접속하게 하는데, 매일 바쁘다고 느끼면서도 아무것도 하지 않는 자신을 상상하기 어려워하며 살아가고 있어 이 존재 모드에 제대로 들어가지 못한다. 시간이 비는 것 같으면 죄책감을 느끼며 자신

(현존의 문을 열다)

에게 새로운 목표와 과제를 부여하고, 열심히 채찍질하며 달려 나가고 있는 것이다. 산 위로 끝없이 바위를 밀어 올리는 형벌을 받았던 시시포스처럼.

우리 뇌에는 '진정과 친화 시스템'이 존재한다. 이 시스템은 자기 자신에게 온전히 집중하는 경험을 할 때 경쟁이나 위협, 갈망이 없는 상태에서 활동을 시작한다. 이 시스템은 교감신경계와 부교감신경계가 조화롭게 균형을 이루었을 때와도 깊은 관련이 있다. 교감신경계는 긴장을 했을 때 활성화되는 자율신경계이고, 부교감신경계는 이와 반대로 이완을 했을 때 활성화되는 자율신경계이다. 그러니 진정과 친화 시스템이 잘 발동하고 있다는 것은 우리의 외부적인 활동과 내면의 이완이 균형 상태에 있는 것으로도 해석할 수 있겠다. '열심히 일하는 나'와 '지금 이 순간 편안한 마음의 나', 이 두 가지가 유연하게 공존하는 상태인 것이다.

우리는 충분히 열심히 살았다. 열심히 달려나가기만 하는 게 능사가 아님을 알면서도 주위에서 뛰어야 한다고 하여 다시 지친 몸과 마음을 끌고 레이스에 올라섰다. 쉬는 것을 죄악시하고, 잠도 잊고, 휴식도 반납하고, 열심히 고군분투하는 삶을 미덕으로 여겨온 문화에서 살아온 탓이다. 내가 지금 어떤 상태인지, 내 마음이 얼마나 지쳐 있는지 헤아리는 것보다 얼마나 더 노력해야 인정을 받을 수 있는지, 얼마나 더 벌어야 원하는 것들을 살 수 있을지에 대해서 고민하며 자신을 몰아세우고 있었던 건 아닐까. 삶을 어디에서부터 다시 조정할 수 있을까? 한쪽으로 치우쳐진 삶의 습관을 어떻게 해서 균형적으로 재배열할 것인가? 아침에 일어나서 단 10분이라도, 혹은 잠들기 전 10분이라도 나의 진정 시스템에 접속하는 삶부터 시작할 수 있다면 삶에 작지만 중요한 변화가 시작될 것이다.

아무것도 하지 않아도 괜찮다.
아니, 우리는 최선을 다해 아무것도 하지 않아야 한다.
무엇에도 마음을 빼앗기지 않은 채로,
그저 지금 당신이 있는 그곳에 머물면 된다.
그것으로 충분하다.
다만 그것으로 충분하다는 것을 알지 못해
그 어디에도 머물지 못할 뿐이다.

(현존의 문을 열다)

뇌의 진정 시스템에 접속하는 법

우리의 일상은 스트레스와 긴장의 연속이다. 매일 끝없이 몰아치는 업무, 평가에 대한 두려움, 건강이나 안전에 대한 걱정, 스스로 만든 규칙에 대한 강박들……. 이완을 꿈꾸지만 그것이 요원한 까닭은 우리가 살아가고 있는 모습 속에 이미 수많은 긴장의 요소가 자리하고 있기 때문이다. 1950년대, 에런 벡(Aaron Beck)은 마음이 일으키는 역기능적 인지에 주목할 것을 주장했다. 자신에 대한, 세상에 대한, 미래에 대한 부정적인 사고방식이 심리적 고통감을 낳는다고 본 것이다. 그는 우리의 생각이 감정을 결정짓는다고 보았다. 어떻게 생각(인지)하느냐에 따라 어떻게 느끼느냐(감정)의 문제가 결정되며, 이것이 나의 행동과 감각, 그리고 또 다른 생각의 발생에 영향을 미친다는 것이다.

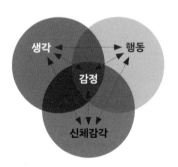

• 인지치료 모델은 어떻게 생각하고 있는가의 문제가 어떻게 느끼게 될지를 결정한다고 본다. 감정 그 자체를 조절할 것이 아니라, 우리의 생각을 객관적으로 들여다볼 수 있는 능력이 중요하다는 힌트를 얻을 수 있다.

여기서 기억할 것은 자신의 역기능적 인지, 즉 부정적인 사고방식을 인지하는 것이 우리가 일상에서 경험하고 있는 스트레스와 긴장을 낮춰준다는 사실이다. 감정은 생각과 분리되어 있지 않으며, 이는 온전히 몸으로 경험되기에 즉각적이며 강렬하다. 인지치료 모델에 의하면, 감정을 조절하기 원할 때 감정 자체를 조절하려고 하는 것은 별소용이 없게 된다. 오히려 그 감정에 영향을 준 자신의 생각이나 행동을 돌아보는 것이 도움이 된다. '지금의 이 감정 직전에 내가 했던 생각은 뭐였지?'라고 질문할 수 있는 사람만이 뇌의 진정·친화 시스템에 접속할 수 있는 것이다. 순간 일어난 부정적 감정에서 빠져나오기 위해 자기성찰적 질문의 힘을 빌리는 것이야말로, 전두엽이 가지고 있는 종합적인 사고 기능을 통해 자신을 안정시키는 고급 테크닉인 셈이다. 이러한 힘을 토대로 이완의 힘을 길렀다면, 다음과 같은 소소한 자기 이완법을 시도해봐도 좋을 것이다.

1. **몸에 안착하기** 스트레스를 받았을 때, 긴장감이 느껴지는 몸의 부위가 어디인지 느껴본다. 그리고 그곳에 자신의 손을 가져다 대고 호흡이 부드러워질 때까지 머무른다. 마음속으로 '내가 편안하기를'이라는 문구를 반복해 외우는 것도 좋다. 신체감각에 뿌리를 내리고, 지금 현재에 의식적으로 머물며 자신을 이완시킬 수 있다.

2. **질문하기** 괴로움이 느껴지는 순간, 이것이 정말로 나 혼자만 겪는

일인지, 아니면 비슷한 상황에 있거나 비슷한 목적을 가지고 살아가는 다른 사람에게도 일어나는 일인지 자문해본다. '정말로 나 혼자만 겪는 일' 같은 것은 없다는 것을 깨닫는 순간, 조급함과 불안함을 상당 부분 내려놓게 될 것이다.

3. **느리게 걷기** 가만히 누워 있으면 이완이 쉬울 것 같지만, 오히려 몰아치는 상념에 마음의 긴장도가 올라가기도 한다. 잔잔한 무드의 피아노곡을 플레이해두고, 아주 느린 속도로 걷는 것이 도움이 된다. 전통 수행의 방법에서 '행선(行禪)', 즉 걷기명상은 이렇게 느린 걸음으로 걸으며 발목 아래의 감각에 주의를 두는 테크닉으로 수행된다. 마음의 속도를 늦추기 위해 먼저 몸의 속도를 늦추는 일조차 만만치 않다는 것을 깨닫겠지만, 이 모든 것이 자신과 친해지는 과정임을 기억하면 그것으로 충분하다.

쏟아지는 정보 속에서
자신을 잃지 않으려면

지금,
당신의 일상을 바꿀
질문

아침에 일어나 습관적으로 텔레비전을 켜는 것을 아주 오랫동안 해왔던 것 같다. 인생에 별로 낙이 없었던 대학교 휴학 시절에는 자극적인 아침 드라마를 알람까지 맞춰두고 열렬히 보았던 기억이 있다. 매일 아침 영어 공부를 해보겠다며 CNN이나 BBC 같은 채널을 틀어두고 귀를 트이게 하려고 애썼던 기억도 있다. 하지만 제일 많이 보게 되는 건 역시 뉴스 채널이다. 미처 잠이 다 깨지 않은 채로 리모컨으로 여기저기 돌리다 뉴스 채널에 안착하면 하루를 시작했다는 모종의 현실감이 깨어난다. 빠르게 전달되는 다양한 소식과 사이사이 이어지는 화려한 광고는 모닝커피와 함께 빠르게 나를 각성시킨다. 오늘에 탑승했다

(현존의 문을 열다)

는 느낌. 드디어 또 하루가 시작된 것이다.

어느 날, 평소처럼 아무 생각 없이 뉴스를 틀어두고 아침을 먹다
가 화면과 화면 사이, 그 짧은 휴지기의 순간에 나도 모르게 낮
은 탄식이 터져 나왔다. 그리고 문득 이런 생각이 들었다.

'대체 이 많은 뉴스들이 내 인생의 내적인 발전에 어떤 의미가
있는 것이지?'

뉴스가 시작되고 나서 15분 정도가 흐르는 동안 꽤 많은 소식들
이 전해졌지만 그 수많은 사건·사고들이 하나같이 나의 존재와
는 상관없는 이야기라는 자각이 불현듯 머리를 스쳐 지나갔다.
앵커는 새로 들어온 소식이라며 목소리를 높이고 있었지만 그
것을 바라보는 나의 태도는 어제와는 완전히 달라져 있었다.

간밤의 고속도로에서 몇 중 추돌 사고가 났다는 이야기, 정치권
에서 서로 이합집산하며 권력을 쥐기 위해 싸웠다는 이야기, 어
떤 시민이 주차장 입구를 가로막아 아파트 주민들이 괴로움을
겪었다는 이야기, 트레일러가 전복되어 스무 가구가 정전되었
다는 이야기. 속보라는 이름으로, 단독보도라는 타이틀로 많은
정보가 쏟아졌지만 그중에서 우리가 하루를 살기 위해 꼭 알아

야만 하는 정보는 거의 없다. 언제나 사건·사고 뉴스는 지나치게 자극적이고, 범죄와 범법 행위를 다루는 뉴스는 희망이 없어 보이고, 경제 전망은 어둡기 그지없다. 그제야 문득 깨닫게 되었다. 뉴스를 보면서 현실에 필요한 어떤 정보를 획득한다는 것은 착각이로구나. 오히려 이런 자극적인 소식에 익숙해지고, 이런 것들에 눈을 돌리면서 우리가 정말로 알아야 하고 생각해야 할 어떤 것들에 대해 점점 더 생각할 수 없는 사람이 되어가고 있는 것은 아닌가?

우리의 외적 삶은 진보하였으나 내적 삶은 퇴보하고 있는 게 분명하다. 우리는 점점 '생각하지 않는 인간'이 되어가는 중이다. 또한 '좀처럼 집중하지 못하는 인간'이 되어가는 중이기도 하다. 스마트폰 알람 소리에 깬 눈을 뜨자마자 제일 먼저 지난밤에 들어온 이메일과 SNS를 확인하고, 회사에서 일을 할 때도 스마트폰이 어디 있는지 내내 신경이 쓰인다. 지하철에서 종이책을 읽는 사람은 눈을 씻고 봐도 찾아볼 수 없게 되었고, 대중교통이나 거리에서 마주치는 사람 중 대다수가 스마트폰에서 눈을 떼지 못한다. 집에 돌아와서는 자극적인 영상만 쫓는 탓에 진짜 휴식은 취하지도 못한 채 시간에 쫓겨 부랴부랴 잠을 청한다. 우리의 주의를 끄는 가장 강력한 것의 등장으로 차분한 집중이나 몰입은 더욱 어려워졌다. 뇌는 도파민을 상승시키는 스마트폰을 좋

(현존의 문을 열다)

아할 수밖에 없다. 그렇기 때문에 뇌가 스마트폰의 현란한 자극에 맞서 싸우는 동안 다른 것에 집중할 능력이 감소하여 몰입에 문제가 생기는 것이다. 하지만 이렇게 책 한 페이지도 읽지 않으며 삶을 살 수는 없지 않은가.

1969년에 노벨경제학상을 수상한 미국의 경제학자, 허버트 사이먼(Herbert Simon)은 이에 대해 일찍이 이렇게 경고한 바 있다. "정보가 무엇을 소비하는지는 명확하다. 정보는 수신자의 주의를 소비하며, 정보의 풍요는 주의의 빈곤을 낳을 것"이라고 말했다. 아직 인터넷도, 스마트폰도 유행하지 않던 시대였지만 그는 정보과잉 시대에 인간이 겪게 될 위험을 알았는데, 안타깝게도 그의 예상은 적중하고 말았다. 인류 역사상 그 어느 때보다도 신속하게 정보를 소비할 수 있는 시대를 살고 있지만 자신을 성찰할 수 있는 능력은 그와 함께 쇠퇴해가고 있다. 더욱이 유튜브, SNS 등을 비롯하여 스마트폰 유저들이 가장 많은 시간을 보내는 각종 플랫폼은 자본의 욕구를 날것으로 드러내는 데에 전혀 주저함이 없다. 그들의 목적은 가능한 한 오랜 시간을 해당 플랫폼에 머물며 더 많은 콘텐츠를 소비하게 하고 그리하여 더 많은 광고에 노출시키는 것이다. 인간에게 주어진 삶의 시간은 고작 수십 년. 의학의 발달로 수명이 늘어난다 해도 그것이 과연 어떤 의미가 있을까? 늘어난 시간 그 이상을 스마트폰과 텔레비전 앞에서 이것이 좋은 휴식이라 착각하며 멍한 눈빛을 하고 있다면 이것은 행복인가, 혹은 행복이 아닌가. 또한 이것은 삶인가, 혹은 삶이 아닌가.

미디어에서 무차별적으로 쏟아지는 내용을 경계해야 할 필요는 또 있다. 이는 뇌에서 감정을 인지하고 조절하는 능력과 관련된 중요한 부위인 복내측전두피질(vmPFC)과 연관된다. 이 부위는 긍정적 정서를 경험할 때 더욱 활성화되어 자신의 감정을 인지하고 조절할 수 있는 능력이 늘어나는 것으로 보고되었다.[24] 그 저 손만 뻗으면 새로운 뉴스와 자극적인 영상이 무한 업데이트되는 스마트폰을 쥐고 있는 이상, 우리는 긍정적인 정서보다는 부정적이거나 자극적인 정서에 노출될 가능성이 높아진다. 뉴스가 애초에 그렇게 부정적이거나 자극적인 내용들로 기획되었기 때문에 당신이 알지 않아도 되었을 것들이 고스란히 당신의 손안으로 들어오는 것이다.

사기꾼 A가 연인 B에게 보낸 사소하고 사적인 카카오톡 내용 같은 것을 봐야 하는 이유가 있다면, 그건 그저 뉴스가 당신의 시간을 가져가기 원하기 때문이다. 조금 더 말초적이고, 조금 더 우리의 분노와 탐욕을 자극하는 내용들로 채워진 뉴스의 헤드라인은 우리로 하여금 무언가 중요한 정보를 얻었다든가, 내 삶

(현존의 문을 열다)

이 그럭저럭 괜찮다는 착각을 하게 만든다. 그러나 반드시 자문해보아야 한다. 이 뉴스들은 내게 어떤 의미가 되고 있는가? 이것이 정말 내 존재에 이로움이 되는 내용들인가?

누구나 행복한 삶을 원한다고 말은 한다. 삶에 일어나는 고통이 너무 심각하지 않기를 바라고, 그럼에도 어쩔 수 없이 발생하는 스트레스나 부정적 감정에 잘 대처할 수 있는 사람이기를 원한다. 하지만 정보의 과잉이 삶을 잠식하면, 행복을 위한 가장 중요한 여건이 마련되기란 어려워진다. 두려움에, 외로움에, 스트레스에 노출되었을 때 그것을 다룰 수 있는 능력이 복내측전두피질에서 효과적으로 활성화되지 않기 때문이다. 감정을 절제하고 싶어 하지만 절제할 수 없는 사람이 할 수 있는 선택은 또다시 화면을 켜서 미디어가 제공하는 자극적인 뉴스와 말초적인 웃음으로 자신을 잡아 이끄는 것뿐이다. 행복을 원한다고 말은 하지만 그것을 위한 어떤 정확한 노력도 하지 않는 세대, 인간은 기술의 진화를 이끌었지만 그 기술의 진화는 인간의 삶을 점점 뒤로 물러서게 만든다. 알지 않아도 되는 것을 알고, 알아야 할 것이 무엇인지 모르게 되는 것, 진보해야 할 삶을 뒤로 물러서게 만드니 이것은 보이지 않는 족쇄에 비유할 만하다.

내일 아침 일어나 무심코 텔레비전을 켜기 전, 무심코 스마트폰을 열기 전, 당신은 당신의 습관화된 그 강렬한 충동을 내려놓을 수 있을까? 더 나은 사람이 되는 방법에 대한 클립은 수천수만 개가 있다지만, 역설적이게도 스마트폰을 손과 눈에서 떼어놓는 것이야말로 우리가 스스로를 위해 시도해야 할 첫 번째 항목일 것이다. 기술의 발전으로 삶은 더 편리해지고 마치 자유가 확장된 듯 보이나, 오히려 손안의 기계에 얽매인 채 일상의 시간을 헌납하듯 살고 있는 우리에게 지금 가장 필요한 질문이다.

(현존의 문을 열다)

어떻게 고요한 마음을
기를 것인가?

꼬리에 꼬리를 무는
생각으로부터의 탈출

"아침에 눈을 뜨면, 당신은 제일 처음 무엇을 하나요?" 명상에 관심을 가지고 있는 사람을 만나면 나는 그에게 이 질문을 하기 좋아한다. 사람들의 답은 각양각색이다. 일어나자마자 물을 한 모금 먹고 스트레칭을 한다는 사람, 휴대폰을 켜고 간밤에 업데이트된 뉴스와 SNS를 본다는 사람, 일단 잠에서 깨기 위해 커피부터 마신다는 사람. 그러면 나는 다시 한번 그에게 묻는다. "정말 그게 제일 처음 하는 일이 맞나요? 답이 틀린 것 같진 않으세요?"라고 재차 물으면 사람들은 이제 조금은 고민하는 듯한 표정으로 바뀐다. 그러고는 잠시 후에 대답한다. "글쎄요, 그거 맞는 것 같은데……. 그런데 여기에 어떤 정답이 있는 건가요?"

사람들마다 아침을 맞이하는 풍경은 다르겠지만 이 질문에는 정말로 정답이 있다. 바로 '생각'이다. 일어나서 물을 마시는 사람은 물을 마셔야 한다는 '생각'을 일으켰기에 물을 마시기 위해 몸을 움직이는 것이고, 간밤에 어떤 소식들이 업데이트되었는지가 궁금한 사람은 그 궁금함을 확인하고 싶다는 생각에 손을 뻗어 휴대폰을 집는 것이다. 어떤 풍경으로, 어떤 활동으로 아침을 시작하든지 간에 우리는 그 전에 먼저 생각을 하고 의도를 일으킨다. 눈을 뜬 순간부터 잠에 빠져드는 그 순간까지 그야말로 끊임없이 생각을 일으키는 것이다. 한 연구에 의하면 한 사람이 하루에 경험하는 생각의 가짓수는 6만~7만 개라고 하나 이 연구가 이뤄진 시점도 이미 과거가 되어 요즘처럼 다양한 자극과 알람, 정보의 홍수 속에서 살아가는 환경에서는 어쩌면 이 숫자를 훌쩍 뛰어넘는 수치가 나오지 않을까 하는 생각도 든다. 문명이 발달하고 손안에 쥔 미디어의 기술이 발달하면 발달할수록, 우리의 마음은 점점 더 많은 생각과 그로 인한 피로감을 경험하게 될 것을 어렵지 않게 짐작할 수 있다.

다른 투숙객과 만날 일이 없도록 설계된 프라이빗 리조트, 혼자만의 고요한 시간을 즐길 수 있도록 만들어진 예약제 서재와 북스테이 공간, 그리고 순식간에 유행처럼 번진 캠핑과 서핑 문화, 언뜻 서로 큰 관련이 없어 보이는 이 요소들은 내게는 명백히

(현존의 문을 열다)

한 방향을 가리키는 것으로 보인다. 시끄럽고 복잡한 현대사회의 자극과 소음, 그리고 버거운 관계들로부터 멀어져 고요한 시간을 갖고 싶은 갈망이다. 동물들은 자신의 몸에 문제가 생긴 것을 감지했을 때 깊고 어두운 공간에 들어가 힘을 회복한다고 했던가. 사람에게도 그와 같은 본능적인 영역이 존재하는 것이다. '이런 식으로는 더 이상 안 되겠어!' 마음속에 어떤 비명 비슷한 것이 들릴 때쯤, 우리는 모든 것을 잠시 내려놓고 깊고 어두운 동굴에 접속하는 문을 찾고 싶어 하는 것 같다.

하지만 아무리 값비싸고 한적한 리조트에 자신을 데려다 놓아도, 주말마다 별을 보며 잠들고 일출을 보며 경탄하는 캠핑족이 되어도, 우리는 우리 자신을 온전히 진정한 고요 속에 두는 것에 어려움을 겪는다. 리조트에서 망중한을 즐기는 나 자신을 가장 멋지게 촬영해 사람들에게 알리고 싶고, 자연으로 떠나와 머무는 텐트 안에서조차 새로 출시된 야외용 TV를 틀어둔다. 그간 너무 많은 자극에 시달렸으니 조용하게 쉬고 싶다 말하면서도, 도리어 스스로에게 자극을 제공하는 셈이다. "너무 많은 방해를 받은 사람은 방해의 요소가 사라졌을 때 결국은 스스로를 방해합니다"라고 말한 주의산만과 멀티태스킹 분야의 연구자, 글로리아 마크(Gloria Mark)의 말이 딱 맞다. 한국을 떠나 해외에 가서도, 끊임없이 국내 포털 사이트를 통해 당장 필요하지도 의미 있지도 않은 가십성 뉴스들을 확인하는 내 모습을 보며 나는 얼마나 나 자신이 싫어졌던가.

그런데 우리를 방해하는 것이 단지 휴대폰이나 유튜브, OTT 서비스 같은 미디어라고 생각하면 곤란하다. 진정한 적은 마음 안에 있기 때문이다. 어쩔 수 없이 휴대폰이나 TV 같은 미디어에 접속할 수 없게 되었을 때를 떠올려보자. 비행기를 탔다거나 배터리가 없어서 갖고 있는 기기를 사용하지 못하게 되었거나, 잠시 휴대폰을 반납하는 상황이 되어보면 바로 깨닫게 된다. 각종 알람과 현란한 미디어의 자극이 차단되어도 우리는 고요함을 쉬이 느끼지 못한다는 것을.

우리는 매 순간 감각기관을 통해 정보를 받아들이고, 거기에 끊임없이 느낌과 생각이 덧붙는 것을 경험한다. 그리고 애초에 무엇에서 이 생각이 비롯되었는지를 알 수조차 없게 되는 상황으로까지 발전된다. 고요한 것을 갈망하고 그 고요함을 느끼기 위해 비싼 돈을 내고 좋은 숙소를 예약하고, 좋다는 캠핑 장비를 구입해 훌쩍 떠나는 것이 유행이 되었지만, 거기에는 분명한 한계가 존재한다. 몸이 어떤 장소에 있든, 그 어떤 호사를 누린다 해도 그것과 내면의 고요함과는 직접적으로 연결되지 않는다는 한계이다. 최고급 여행지에서도 시끄러운 마음을 내려놓지 못

(현존의 문을 열다)

하고, 바다 한가운데 서핑 보드에 누워서도 누군가를 증오할 수 있는 것이 인간임을 이해한다면, 내가 추구해야 할 고요함의 정체가 무엇인지 되물어보게 된다. 초기경전 중 하나인《맛지마니까야》의 〈제18경 마두삔디까숫따(Madhupindika Sutta)〉에서는 인간의 마음이 어떻게 끊임없는 느낌과 생각에 시달리고 이것으로 인해 괴로움에 빠지게 되는지 그 순서를 정확히 밝혀 마음을 해부하고 있다.

> 벗들이여, 시각과 형상을 조건으로 시각의식이 생겨나고
> 그 세 가지를 조건으로 접촉이 생겨나고
> 접촉을 조건으로 느낌이 생겨나고
> 느낀 것을 지각하고 지각한 것을 사유하고
> 사유한 것을 희론하고, 희론한 것을 토대로
> 과거, 미래, 현재에 걸쳐 시각에 의해서 인식되는 형상에서
> 희론에 오염된 지각과 관념이 일어납니다.[25]

팔리어 원어로는 '빠빤짜(Papañca)', 한자 번역으로는 '희론(戲論)'이라 부르는 이것이 바로 인간이 느끼는 괴로움의 원천이다. 눈으로, 코로, 귀로, 입으로, 몸으로, 마음*으로 들어오는 수많은 정보들이 접촉되면 여기에서 느낌과 지각이 만들어지고, 이는 사유와 희론의 단계를 거쳐 희론에 오염된 지각과 관념에 이른다. 화가 났을 때 분명히 처음에는 작은 화의 감정이었는데, 몇 배는 더 부정적이고 강렬한 화로 번졌던 경험이 있을 것이다. 고요하고 평온한 삶을 갈망하면서도 그렇게 되지 못하는 것은 희론, 즉 '내가 멋대로 만들어낸 생각'에 가장 큰 원인이 있음을 깨달아야 한다. 열쇠를 잃어버린 것은 대문 앞인데, 큰길가가 밝다고 그곳에 가서 찾으면 열쇠가 찾아질까? 더 좋은 여행지를 가지 못해서 마음이 혼란한 것이 아니라, 더 조용한 업무 환경에서 일하지 못해서 내가 힘든 것이 아니라, 내가 마음을 갖고 태어난 인간이며 그 마음을 단속하는 방법을 몰라서 힘들다는 것을 이

---

* 마음은 입력장치일까? 출력장치일까? 흔히 '안이비설신의(眼耳鼻舌身意)'를 육근(六根), 즉 여섯 가지 감각의 입력장치로 본다. 그런데 여기에서 앞의 다섯 가지는 몸에 속하고, 마지막의 '의'는 마음을 뜻한다. 마음 역시 하나의 감각기관, 즉 입력장치로 보는 것이 경전의 입장인 것이다. 마음에서 일어난 단순한 생각이 꼬리에 꼬리를 물어 결국 어떤 다른 생각으로 확장되는 경험을 해보지 않은 사람이 있을까? 이 경우 마음이 하나의 입력장치가 되니, 몸만큼이나 마음이 스스로 만들어내는 느낌과 생각이 우리에게 하루에도 수천, 수만 번 밀려온다는 것을 생각하면 마음을 가지고 사는 사람의 인생이 결코 쉽지 않은 것임을 새삼 되새기게 된다.

(현존의 문을 열다)

해해야 한다. 열쇠를 찾을 곳은 캠핑장도 바다 한가운데도 아닌, 지금 이 순간을 경험하는 내 마음이어야 한다.

이것을 알고 나니, 내가 내 존재를 인지한 어린 시절의 어느 순간으로부터 지금까지, 평생을 다양한 희론에 시달리며 살았다는 것을 알게 되었다. 너무도 많은 생각과 느낌 속에서 내 삶은 수도 없이 길을 잃었다. 어떻게든 열심히 살아보려고 모든 노력을 기울였고 또 어떤 면에서는 분명한 성취도 거두었으나 수시로 떠오르는 생각에 시달리는 것은 어린이였을 때든 지금이든 조금도 바뀌지 않았다는 것을 알게 되었다. 아니, 어쩌면 나이를 한 살씩 먹으면서 나는 더 많은 생각과 내가 만든 관념, 고집, 틀 안에서 더 많은 희론으로 나 자신을 몰아가며 스스로를 괴롭혔던 것은 아닌가 하고도 생각했다. 나이가 들며 더욱 성숙하고 훌륭한 존재가 되어가는 것이 아니라 그저 생각의 가짓수를 늘리며 스스로 똑똑하다, 현명하다 착각하는 사람일 뿐이었다.

생각을 단속하는 자가 된다는 것, 끊임없이 일어나는 생각 속에서 길을 잃지 않고 내면의 고요함을 만드는 자가 된다는 것, 그 수승한 세계가 너무도 궁금했지만 그 길은 쉽게 찾아지지 않았다. 인도의 명상학교에 가서 많은 부분이 치유되었지만, 한국에 돌아와 예전과 똑같은 생활을 하니 순식간에 내 마음 상태는 예전의 그것으로 돌아가버렸다. 이후 대학원에서 심리학을 공부하며 학자들의 연구와 각종 도서를 섭렵하다시피 읽었지만 책장을 덮고 나서 깨닫게 된 것은 '내가 아는 지식이 나를 구할 수는 없다'는 것이었다. 좀 더 확실한 가르침이 필요했다. 평생 동안 이어갈 수 있는 나의 의지처로서의 배움이 필요하다고 느꼈다.

그러다 만나게 된 것이 '사마타(Samatha)' 수행이었다. 고요함과 집중을 기르는 사마타 수행은, 전통적인 수행 방법의 양대 산맥 중 하나다.* 그 구체적인 방법은 결코 복잡하거나 어렵지 않다. 그저 자신이 현재 하고 있는 호흡에 주의를 기울이면 되기 때문이다. 들숨 날숨이 드나드는 호흡의 접촉 지점(보통은 콧구멍, 코끝, 인중, 윗입술 중의 한 부분에 주의를 두고 그 감각을 관찰하게 된다)에 마음을 두고 계속해서 정신을 집중하는 것인데, 문제는 이것

---

* 명상 수행의 주요한 두 가지 방법을, 사마타 수행(집중명상으로도 부른다)과 위빠사나(Vipassana) 수행(통찰명상으로도 부른다)으로 나누어볼 수 있는데, 한국에서 좀 더 널리 알려져 있고 인기 있는 명상은 위빠사나 수행으로 생각된다. 한국에 명상붐을 일으킨 서구권의 명상 기반 마음치유 프로그램을 만든 심리학자들도, 대부분 위빠사나 명상 수행자로 알려져 있다. 그러나 사마타 수행과 위빠사나 수행은 서로 반대되는 것이 아니라 상보적인 관계로 이해해야 한다. 고요한 마음을 기르면 통찰하는 힘도 강하게 만들기 쉽고, 통찰하는 힘이 커질수록 고요한 마음도 더 강해질 것이기 때문이다. 그러나 내게 무엇이 먼저여야 하는가 묻는다면, 나는 끊임없는 생각에 시달리는 현대인이라면 되도록 사마타를 먼저 닦을 필요가 있다고 말하고 싶다. 사마타 수행을 통해 먼저 고요함을 기르고, 이를 통해 통찰의 힘을 닦는 것이 자기 수행을 더 오랫동안 잘 끌고 갈 수 있는 방편이 될 것이라고 생각한다.

(현존의 문을 열다)

이 간단해 보여도 결코 간단하지만은 않다는 점에 있다. 단 1분만이라도 앉아서 이것을 시도해보면 알 수 있다. 마음은 코끝에 머물러 있는 법이 없고, 초점을 잃고 이내 방황한다. 오늘 했어야 하는 일, 잠시 후에 내가 먹고 싶은 음식, 도대체 왜 나타났는지 알 길이 없을 이미지 같은 것들이 뇌리 속으로 파고든다. 잠시 호흡을 느낀 것 같다고 느낄 때, '잘하고 있군! 난 역시 명상 체질이야'라는 망상이 끼어드는 것도 또 잠시, 허리가 아프다거나 목덜미가 가렵다거나 하는 감각이 순식간에 밀려든다. 자극에 익숙해 고요함을 스스로 밀어내는 것이다. 1분 동안 호흡에만 머물러보자고 다짐하지만, 그 1분 사이에 꾸벅거리며 졸 수 있다는 것도

• 사마타 수행은 들숨 날숨이 드나드는 호흡의 접촉 지점인 콧구멍, 코끝, 인중, 윗입술 중의 한 부분에 주의를 두고 그 감각을 지속적으로 관찰한다. 간단하고 쉽게 들리지만, 시도해보면 이것이 얼마나 어려운지 바로 알 수 있을 것이다.

경험한다. 결국 확인하게 되는 것은 내가 얼마나 많은 생각과 느낌에 시달리고 끄달려 가는 사람이었나 하는 깨달음이다.

여기에서 수행을 이어가기를 포기하는 사람들이 대부분이다. 하지만 어떤 사람들은 여기에서 더 돌아갈 길은 없다고 자신을 독려한다. 초반의 혼란한 마음을 편안히 받아들인 사람만이 자신을 온전히 대면해 앉을 용기를 얻게 되는 셈이다. 처음엔 한 번의 호흡에 겨우 머물 수 있던 집중의 힘이, 두 번, 세 번 호흡하는 동안 집중할 수 있을 정도로 길어지고, 그 집중의 시간과 빈도가 늘어나다 보면 마음이 다른 곳으로 시선을 돌렸다가도 호흡으로 돌아오는 과정이 점점 수월해지기 시작한다. 그 어떤 의심도 욕심도 없이 고요하게 앉아 숨을 보는 연습을 이어나가다 보면 그 노력의 끝에 변화를 감지하는 날이 온다. 이왕 시작했으니, 반드시 분명한 발전을 이뤄보겠다는 간절한 마음도 이때쯤 더욱 강렬해진다. 나 역시 그 간절함으로 수행을 이어갔던 것 같다.

끝없는 생각으로부터 나를 해방시키고, 숱한 수행자들이 이미 걸어갔던 궁극의 고요함의 길을 나도 따라서 걷고 싶다는 그 간절함 하나로 가득했다. 나는 새벽 네 시부터 밤 아홉 시까지 밥 먹고 청소하는 시간을 빼고는 하루에 열두 시간씩 방석 하나에 의지해 오직 자신의 숨만 바라보는 사마타 수행처에 스스로 들

251 　　　　　　　　　　　　　　　　　　（ 현존의 문을 열다 ）

어갔다. 고요함을 찾기 전에는 이곳을 나오지 않으리라 나 자신과 굳은 약속을 하며.

그러다 내게도, 마침내 '그 순간'이 찾아왔다. 일정을 다 조정하고 수백 킬로미터를 달려와 산속 명상실에 앉아 있으면서도 졸음과 사투하고 온갖 생각과 씨름하는 나 자신이 너무 한심해 스스로에게 욕을 하고 분해 울며 숙소로 발걸음을 옮겼던 날의 바로 다음 날 아침이었다. 경이로운 고요였다.

'이것이구나. 이것이 이 안에 이미 존재하고 있었구나.'

주변의 소음은 여전히 들리고, 마음은 여전히 생각을 만들어내긴 하지만 그 모든 것들이 배경으로 물러나고 호흡이 모든 것의 중심이 되었다. 내가 호흡인지, 호흡이 나인지 알 수 없이 경계가 사라지고, 지금까지 한 번도 경험한 적 없어 뭐라고 형언할 수조차 없는 고요함이 지금 여기에 존재하는 것을 보았다. 시간은 멈추었고, 호흡은 부드러워지다 못해 미세해졌고 내 몸은 일생 경험해본 적 없는 희열감으로 가득 찼다.

경전에서 늘 보던 희열이라는 단어가 무엇이었는지 궁금했던 나는, 그 깊고 선명한 행복감이 지나간 자리에 앉아 옛 수행자들이 걸어간 그 길을 걷고 있음에 감사했다. 얼마나 많은 시간, 내 인생의 크고 작은 사건들과 스스로 만든 생각 사이에서 번민했는지, 이 고요함이 여기에 있다는 것을 알지 못해 나는 얼마나 많은 순간 마음속의 소리들에 시달렸는지……. 어제는 분함과 짜증에 못 이겨 울며 내려왔던 그 길을 오늘은 기쁨과 행복에 가득한 채 내려왔다. 내 인생 최고의 선택을 꼽으라면 사마타 수행을 통해 내 안의 진정한 고요함을 만난 것이라고 말할 것이다.

어디에서도 찾을 수 없었던 고요함이 자기 안에 있다는 것을 확인하고 나면 삶은 절대로 이전과 같을 수 없게 된다. 이는 누구도 앗아갈 수 없는 고귀한 영역이 있음을 알게 되는 일이다. 삶의 무게에 짓눌리는 일들이 자연스럽게 사라진다. 마치 낡은 장막을 하나 벗겨낸 듯, 삶의 기본 무게가 가볍고 단출해진다. 애쓰지 않아도 언제나 고요함의 모드를 유지할 수 있기 때문이다. 단지 기분이 편안해지기 위해 어딘가로 멀리 가야 할 필요가 없다는 것을 알게 되고, 자극적인 환경에서 마음이 어지러워질지라도 내 안의 고요함과 접속할 수 있다. 특별히 시간을 내어 떠난 곳에서 그 공간이 주는 아름다움과 좋은 느낌을 온전히 다 만끽하게 되는 것은 당연한 일이 된다. 때때로 불가항력적으로 많은 정보와 자극에 노출되기도 하지만, 그때에도 호흡으로 돌아와 그 안에 머무는 법을 알고 있기에 그 또한 문제가 되지 않는다.

(현존의 문을 열다)

고요함을 만나기까지 노력이 필요하지만, 그것을 만나고 더욱 깊게 단련하면 나의 기본모드가 고요함이 된다. 그리하여 지금 이 순간에 존재한다는 것의 의미를 매일의 삶에서 실천하는 일이 가능해진다. 아직 나의 수행은 더 깊어져야 하고 갈 길이 멀지만, 지금까지 내가 사마타 수행을 통해 얻은 이득을 묻는다면 나는 여기까지였다고 부끄러움 없이 말할 수 있을 것 같다. 유한한 삶의 모든 순간을 나와 진심으로 벗하며 살아갈 수 있게 되기까지 많은 시간이 걸렸다.

마음의 주인이 되어 살아가고 싶다는 염원이 당신의 마음속에 있는가. 이 삶의 모든 순간을 온전히 깨어서 경험하기 원하는가. 당신은 그러한 자신을 위해 어떤 것을 배우고 실행할 것인가. 옛 수행자들이 걸어갔을 그 길 위에서 나 또한 고귀한 고요함을 만나고, 그것을 통해 남은 삶을 살아갈 수 있다면, 이러한 방식으로 이 삶의 고귀한 행복을 추구할 수 있다면, 삶의 고통과 소란이 우리를 담금질한다 해도 그 또한 두렵지 않을 것이다. 몸과 마음에 체화된 고요함이 우리로 하여금 더 강하고 우아하게 이 삶을 대면하도록 도울 것이기 때문에. 진정한 고요함을 만나기 위해 떠나는 사마타 수행의 길 위에서 귀한 도반을 만나 함께 걸어갈 수 있기를 소망한다.

● ─────────

나는 누구인가?

아주 어렸을 때부터 스스로에게 이 질문을 했다.

나는 누구인가? 나는 나의 이름인가? 나의 과거인가?

내 몸이 나인가? 내 커리어가 나인가.

명쾌한 답을 찾을 수 없어 답답했다.

사마타 수행을 하고 나서,

나는 비로소 이 질문에 답할 수 있게 되었다.

나는 고요함이다.

다만 고요함이 여기에 있다.

모든 일의 흐름 속에서
안온한 정서를 일으키는 습관

감사하는
삶의 가치

하루에도 여러 번, 자주 쓰게 되는 어떤 단어를 사전에서 찾아보면 문득 흥미로운 지점을 발견하게 된다. 언젠가 '감사'라는 단어를 검색한 적이 있는데 그때도 그랬다. 감사는 '느끼다'라는 의미를 가진 '감(感)'과 '사례하다'라는 의미를 가진 '사(謝)', 두 글자의 합성으로 이루어진 단어다. 고마움을 느끼고 이에 대해 보답하고 예를 갖춘다는 의미로 해석할 수 있다. 이렇게 한 글자씩 그 의미를 깊게 생각해보면, 무심코 하는 수많은 말들 속에서 우리가 잊고 있던 어떤 가치들을 다시금 떠올려보게 된다.

나에게 감사의 첫 기억은 또렷하게 남아 있다. 아주 어린 시절,

(3장)

힘들게 일하신 아버지가 종이봉투에 담긴 전기통닭이나 집 앞 빵집에서 빵을 사 가지고 오신 날에 엄마는 우리 삼 남매에게 이렇게 말씀하시곤 했다. "얼른 감사합니다, 하고 받아라!" 퇴근하고 귀가한 아빠가 반갑기도 했지만 무섭기도 했던 나는 쭈뼛대며 다가가 빵 봉투를 받아들고 허리를 숙여 감사하다고 표현했다. 통닭을 먹는 것도 좋았고, 내가 좋아하는 초코 소라빵을 가끔은 혼자 두 개나 먹을 수 있어서 신이 나기도 했다. 하지만 내가 정말로 감사를 느꼈는지는 잘 모르겠다. 어렸던 나는, 아버지가 어떤 고생을 하고 돈을 버시는지 알 길이 없었고, 감사라는 감정이 어떤 것인지 정확히 이해하기 어려웠다.

어린 시절, 집과 부모님 가게에 "항상 기뻐하라. 쉬지 말고 기도하라. 범사에 감사하라"라고 쓰여 있던 액자의 문구를 보면서도 어떻게 항상 기뻐할 수 있으며 어떻게 늘 감사를 하라는 건지 나는 의문이었다. 아마도 대부분의 사람들이 이와 크게 다르지 않은 맥락에서 감사라는 단어를 인지하지 않나 싶다. 자신의 내면에서 자연스럽게 우러나오는 감정으로서의 감사가 아닌, 상대방에게 보이는 예의의 한 형태로서의 감사 말이다. 또한 타인에게서 구체적인 이득이나 호의가 주어졌을 때에 이것이 감사의 대상이라고 배운다. 감사는 마음속에서 자의보다는 타의와 연결되고, 정서보다는 태도와 연결되어 있는 듯하다.

(현존의 문을 열다)

우리는 스스로에게 이런 질문을 건네볼 수 있다. '나는 하루에 몇 번이나 감사를 느끼는 사람인가?' 비단 이것이 오늘 만난 사람들에게 몇 번이나 "감사합니다"라고 말을 했는가를 의미하는 게 아니다. 습관적으로, 혹은 별달리 할 말이 생각나지 않아서, 단지 인사말 대신 우리는 이 말을 하곤 하기 때문이다. 주문한 커피를 받으면서 우리는 아주 쉽게 "감사합니다"라고 말을 하지만 솔직히 그 순간 마음속 깊은 곳에서 정말로 고맙다는 감정을 느끼지는 않는다. 내가 돈을 내고 커피를 산 행위에 따라붙는 사회적 예의로서의 멘트를 할 뿐이다. 그다지 감사하지 않은 마음으로, 휴대폰을 보면서, 옆 사람과 수다를 떨면서 우리는 피상적으로 감사하다고 표현한다. 그러므로 이런 종류의 감사 인사는, 내가 하루 동안 느낀 감사로 카운트하지 않도록 해보자. 그러고 나서 내가 마음으로 몇 번이나 감사를 느꼈는지 다시 세어보는 것이다. 하루를 마무리하는 늦은 밤, 이 질문을 종이에 기록하고 자신의 하루를 돌아보면 우리 중 아마도 상당수는 당황스러움을 느낄지 모른다. 감사하다고 인사를 건넨 기억은 꽤 있지만, 정말로 감사하다는 느낌에 접촉한 것은 크게 생각나지 않는 하루였다면 말이다.

하지만 긍정심리학의 창시자 마틴 셀리그먼은 이에 대해 생각을 바꿀 것을 조언한다. "반드시 거창한 것이 아니더라도, 한두 가지 정도라도 좋은 일이 분명히 있으며, 삶 속에서 당연하다 생각했던 요소들이 사실 감사할 일이라는 것을 떠올리는 것이 감사의 기본"이라는 것이다. 그리고 나아가 감사를 "행복하게 해주는 마음의 강점"이라고 정의하기도 하였다. 이는 내가 경험하고 있는 현실, 내가 누리고 있는 것, 내가 관계 맺고 있는 존재들의 가치에 대해 진술한 방식으로 느끼고, 그것의 진가를 알아차릴 수 있는가 하는 문제에 대해 생각해보게 한다. 감사를 외적인 표현이 아니라 내적인 정서로 이해하기 원한다면 한 가지 의식적인 노력이 필요하다. 나의 삶을 있는 그대로 바라보고, 여기에 어떤 긍정적인 요소들이 존재하는지 알아차리려는 노력이다.

아침에 눈을 떴을 때 또 하루가 시작되었다는 자각에 이어 어떤 감정으로 이어지는지 스스로 헤아려보자. 우리들 중 많은 사람들이 오늘은 또 얼마나 많은 고생을 해야 할지 생각하고, 마음이 맞지 않는 상사와 일할 걱정에 한숨 쉴 것이다. 오늘 해결해야 할 공과금, 오늘 통화해야 할 거래처, 다이어트를 위해 억지로 해야 하는 운동 같은 것들을 떠올리며 불편한 책임감과 삶의 무게에 짓눌리는 느낌도 받을지 모른다. 아무 생각 없이 한 달만 쉬고 싶은데, 먹고살자니 도저히 그렇게 할 수 없어 억울하고, SNS에서 화려하게 살아가는 인플루언서를 구경하며 상대적 박탈감에도 쉽게 접촉한다. 불평과 걱정으로 시작한 아침의 마음

(현존의 문을 열다)

이 오후와 저녁, 밤까지 이어지며 그것이 마침내 내 삶의 기본적인 성향으로 자리 잡는다면?

시각을 조금만 조정해 감사라는 요소를 통해 삶을 보려 어떤 의식적인 노력을 기울이려 한다면, 삶은 그 빛깔을 달리해 우리에게 보여지기 시작한다. 별일 없이 잠들고 아침에 눈을 떴다면, 내가 자는 동안 몸이 해야 할 일을 잘했다는 증거다. 밤에 잠들고 아침에 일어나는 게 우리가 매일 경험하는 자연스러운 일상이지만 그 모든 것이 절대적으로 당연한 일은 아니다. 자다가 갑자기 아플 수 있고, 자다가 깨어 잠 못 드는 날도 있을 수 있고, 또 어떤 이는 자다가 삶이 갑자기 끝나기도 한다. 매일 아침 '자다가 죽지 않아 감사하다'고 되뇔 필요까지는 없지만, 아침에 눈을 떠서 새로운 하루를 시작할 수 있는 것이 아무 일도 아닌 것도 아니다. 편안히 잘 수 있었던 잠자리, 자는 동안 피로가 어느 정도 풀릴 수 있게 협동한 내 몸의 각 기관과 혈관, '오늘 하루는 어떤 일들을 해볼까?'라고 생각할 수 있는 나의 정신, 이 모든 것을 생생하게 그저 있는 그대로 경험하는 그 마음이 자신에게 있는지 확인해보라. 침대에서 일어나 첫발을 내디딜 수 있는 나의 몸의 견고함을 느껴보고, 냉장고 문을 열어 무엇이 있는지 확인할 수 있는 내 두 눈의 또렷함을 느끼고, 식도를 타고 내려가 간밤의 갈증을 해결할 수 있는 깨끗한 물의 느낌을 가만히 느끼다 보면 자연스럽게 마음속에서 평온함이 우러나온다. 현재 일어나는 일의 감각에 집중하는 일이 곧 우리를 감사와 평온의 길로 인도하는 것이다.

하지만 우리는 너무 바쁘고, 또한 늘 생각이 많다. 여러 번 경험해 익숙한 것은 당연하다고 느끼고 그것의 진가를 느낄 마음의 공간을 허락하지 않는다. 잘 자고 일어나는 것이 일상인 사람은 수면장애를 겪어 한 시간 반마다 잠이 깨는 괴로움을 겪기 전까지는 잘 잘 수 있었다는 사실에 감사를 느끼지 못한다. 자신이 능력이 있어 직장을 다니고 있다고 생각하는 사람은, 직장이 문을 닫아 강제로 정리해고를 당할 때까지는 직장이 얼마나 소중한 곳이었는지 느끼지 못한다. 오랜 시간 만나 연애하거나 결혼을 해서 상대가 익숙해지고 난 다음이라면, 갑자기 그 관계가 파탄 나고 혼자 남겨지고 나서야 이 관계가 어떤 의미였는지 절망 속에 울부짖는다. 이는 모두 내 인생에 일어났던 일들이다. 불행이 닥치고 나서야 나는 내가 얼마나 감사를 모르고 살았던 사람인지 세세히 깨닫게 되었다.

타인이 나에게 좋은 것을 건넸을 때나 명백히 좋은 일이 일어나야 겨우 감사를 할 수 있는 상태로는 삶의 대부분의 시간을 불만족감에 더 자주 접촉하며 보낼 수밖에 없다. 입으로 하는 감사가

(현존의 문을 열다)

아니라 마음의 차원에서 일어나는 감사는 삶을 대하는 아름답고 가치로운 태도이며 관점이기 때문이다. 감사는 현재의 상황과 일어나는 모든 요소를 대상으로 한다.

삶의 모든 순간순간에 그 일들의 진가를 알아차리고, 모든 순간을 명료히 경험하며, 아주 작고 세심한 것들에 감사할 수 있는 그 마음의 힘이 살아갈 힘을 북돋우고, 오래된 마음의 패턴에서 벗어나게 하는 동력을 제공해준다. 아침에 눈을 떠 "잘 자고 일어났네. 정말 감사한 일이다. 내 몸에 감사해"라고 자신을 토닥이며 말할 수 있을까? 이른 아침, 집 앞에 피어 있는 나팔꽃을 무심히 지나치지 않고, 꽃씨를 뿌리고 물을 주었을 누군가의 손길을 상상하며 그 사람이 오늘 하루 평온하기를 마음으로 바라줄 수 있을까? 점심시간, 이 한 그릇에 담긴 음식이 누군가의 노고가 모여 내게 왔음을 느끼고 작은 행복 속에 내 위장을 채울 수 있을까? 특별해 보이지 않는 것에 대해 특별한 마음을 일으킬 수 있는 긍정의 태도, 이러한 노력이 우리를 깊은 차원에서부터 행복하게 만들어줄 것이다. 작은 것의 가치를 온전히 느끼는 사람은, 거대한 행복도 있는 그대로 느낄 수 있는 힘을 갖게 된다. 작은 것을 무심히 지나치지 않는 사람만이 커다란 행복과 성공이 찾아왔을 때 그것을 온전히 만끽할 것이다.

(3장)

마틴 셀리그먼은 감사의 능력을 키우기 위해서 가장 좋은 연습으로, 하루를 정리할 때마다 감사했던 기억을 세어볼 것을 권한다. 하루 중 잘 안됐던 일보다는 잘되었던 일, 즉 감사한 일들을 구체적으로 인지해보라는 것이다. 감사할 일을 매일 세 가지씩 적고, 감사한 이유를 쓰는 것을 1~2주 정도만 지속해도 이후 6개월간 감사의 마음이 유지되었다는 연구 결과를 보면, 감사를 삶의 기본모드로 하는 것이 얼마나 파워풀한 영향을 미치는지 미루어 짐작해볼 수 있다. 삶을 보다 행복하고 의미 있게 살아가고 싶다면 오늘 밤부터 하루 세 가지의 감사한 점을, 그것이 아무리 사소한 것일지라도 기록하는 습관을 들여보는 것이 도움이 될 것이다. 심각한 우울증 환자 50명을 대상으로 한 '감사일기 쓰기' 연구에서 이들의 평균 우울증 점수가 34점에서 17점으로 떨어졌다는 결과도 있다. 이 결과가 '감사일기라니. 너무 정신 승리 같아'라며 여전히 머뭇거리게 되는 당신의 마음을 움직이는 방아쇠가 되어주리라 믿는다.

감사일기야말로 하루하루의 내 인생을 스쳐 지나간 모든 것들에 대해 보답하고 예를 갖추는 인사가 아닐까. 감사를 이어갈수록 삶을 느끼는 감각은 더욱 섬세해지고, 그 섬세해진 감각으로 우리는 삶의 모든 영역을 무심히 흘려보내지 않고 있는 그대로 생생하게 느끼게 될 것이다. 비교하는 마음, 분노하는 마음, 우

263   〈 현존의 문을 열다 〉

울한 마음으로부터 멀어지기 원한다면 감사의 능력을 의식적으로 키우도록 노력해야 한다.

나는 어제에 감사하다. 많은 고통과 어려움이 있었지만 그 일들로 인해 많은 것들을 배울 수 있었으니 나는 감사하다. 사람으로 태어나 내가 느끼고 생각한 것들을 기록해 이렇게 전할 수 있고, 그런 기회가 주어진 것에 감사하다. 나는 또한 내일도 감사할 것이다. 하루하루 지나가는 하루 속에서 수많은 이별과 아픔이 다가오겠지만 그 모든 일의 흐름 속에서도 나의 감사는 여전히 계속될 것이라서. 그럴 수 있어서.

(3장)

이기적 사랑이 아닌
이타적 사랑으로

움켜쥐는 삶에서
전달하는 삶으로의 여정

나는 백화점에 가는 것을 좋아한다. 누구나 그렇듯이 백화점의 그 깨끗한 공간이 좋고, 시끌벅적하지 않고 조용한 음악이 흐르는 쾌적한 장소에서 다양한 종류의 상품을 한꺼번에 볼 수 있는 편리함을 좋아한다. 사람들끼리 심하게 부딪치는 일 없이 개인적인 공간이 어느 정도 보장받는 분위기에서 좋은 물건들을 돌아보는 것을 즐긴다. 백화점에 가서 딱히 뭔가를 구매하지 않더라도, 그냥 백화점에 가기만 해도 안정되는 마음의 어떤 부분이 있는 것 같다고도 느낀다. 내 안에 나도 어쩔 수 없는 도시의 소비자로서의 피가 흐르는 걸까? 가끔 그런 생각을 하며 슬며시 웃으며 백화점에 들어서게 된다.

(현존의 문을 열다)

하지만 나는 백화점 엘리베이터를 타는 것은 좋아하지 않는다. 지인에게 상품권을 선물하기 위해 가장 꼭대기 층까지 갈 때가 종종 있는데, 지하 4층의 주차장부터 꼭대기 층까지 가야 하는 날에도 엘리베이터보다는 에스컬레이터를 타는 쪽을 선호한다. 물론 다른 시설에 방문할 때는 엘리베이터에 별생각 없이 올라탄다. 내가 유독 백화점 엘리베이터를 기피하게 된 것은 몇 차례 겪은 작은 충격 때문이다. 방금 전까지만 해도 우아하고 느린 걸음으로 값비싼 것들을 고르며 걸어가던 사람들이, 엘리베이터 앞에만 서면 갑자기 태도가 돌변하는 것을 보는 건 놀라운 일이었다. 세상 우아하던 사람들이 그 공간에서는 어떤 배려도 양보도 우아함의 몸짓도 찾아보기 힘들어진다. 명절을 앞두었거나 연말연시, 혹은 사람들이 많이 몰린 주말의 어떤 날 백화점의 엘리베이터 안은 더 상황이 안 좋을 수밖에 없다. 휠체어를 탄 장애인이나 어르신, 유모차에 아이를 태운 엄마들은 뒤로 밀리고, 에스컬레이터를 타고 이동할 수 있는 사람들이 우르르 자리를 차지하는 일이 부지기수였다. 이동에 제약이 있는 사람들은 조금은 원망 섞인 눈빛으로 엘리베이터 내부를 응시하지만, 이미 자기 공간을 확보한 사람들은 무심한 표정으로 휴대폰만 보았다. 양보할 수 있어도 양보하지 않고, 배려해야 하지만 조금도 배려하지 않는 모습들에 혼자 낙담하고 씁쓸해진 것이 내가 백화점에서 엘리베이터를 타지 않게 된 이유다.

우리는 누구나 저마다의 이기심을 품고 산다. 좋은 느낌을 느끼고 싶고, 편안한 상황에 있기를 바라고, 남들보다 더 많은 것을 가지길 원하며, 때로 남들이 어떻게 되든 자기만 잘되면 상관없다는 극단의 이기적인 마음도 경험한다. 엘리베이터와 에스컬레이터라는 두 가지 옵션을 모두 선택할 수 있는 상황이면서 누군가를 위해 양보하는 것을 일종의 작은 손해라고 여긴다. 물론, 자신의 존재를 지켜내기 위한 이기심 정도는 문제되지 않는다. 각박한 사회를 살아가며 그 정도의 이기심조차 없다면 오히려 삶이 더 힘들어질지도 모르니 말이다. 하지만 나라는 체제가 오직 이기심에 의해서만 운영되는 상황은 경계해야 한다. 삶의 매 순간 들이는 모든 노력이 오직 자기 자신만을 위한 것이 될 때, 그 노력은 쉽게 탐욕으로 번지고 그 탐욕이 원하는 만큼 채워지지 않으면 마음속에 분노가 일어날 것이기 때문이다.

나 역시 그저 열심히 눈앞의 목표를 좇아가기만 하면 된다는 생각을 가지고 오랜 시간을 버티듯 살았다. 도덕 교과서에서 이타심을 가져야 한다고 배웠지만, 오직 능력을 키워야 먹고살 수 있다고 말하는 부모님과 성적을 올리지 않으면 좋은 대학에 갈 수 없다 말하는 선생님의 말씀을 새겨듣는 착한 학생으로 살아가며, 나는 점점 나라는 세계에 갇힌 존재가 되었다. 그 과정에서 언제나 내 기분이 제일 중요했고, 내 처지가 가장 신경 쓰였고,

(현존의 문을 열다)

내가 어떤 능력을 가진 사람이 되는지가 가장 중요했다. 그러나 문득 조바심이 들 때도 있었다. 정말 이렇게 사는 것이 맞는가? 이렇게 삶이 지속되어도 후회가 없을까? 지금 이대로 이 삶은 정말 괜찮은 건가? 누군가에게 폐 끼치지 않고 열심히 살아왔으나 이 삶이 이대로도 괜찮은 건지 불안했다. 어쩌면 이 느낌이라는 것이, 대부분의 시간을 혼자 일하고 혼자 살아가는 나의 특수한 상황 때문에 드는 조바심인가 싶어서 결혼해서 가족을 꾸리고 살아가는 이들에게도 물어보았다.

"당신은 언제 행복을 느끼나요?"
"당신의 행복의 근원은 무엇인가요?"

가족이 있는 사람들은 한결같이 똑같은 대답을 했다.
"우리 가족이 행복하게 사는 것이 저의 행복이에요."
"나와 가족들이 행복하면 그게 최선이죠."

행복한 미소를 지으며 오직 자신과 가족의 행복을 이야기하는 사람들의 대답을 들으며 나는 오히려 낙담이 되었다. 오직 자기 자신을 위하는 것이 이기적인 마음이라면 자신과 혈연인 관계의 가족만을 위하는 것은 이기적인가, 그렇지 않은가. 가족도 내가 아닌 존재는 맞으니 이것을 이타적인 정신으로 보아야 하는가, 아니면 오직 자신의 가족만 생각하는 마음은 사실상 이기심에 가까운 어떤 것으로 보아야 하는가. 이 말이 누군가에게는 불편하게 들리겠지만, 나는 '가족을 위한다'는 말도 사실은 넓은 범위에서 이기심을 드러내는 말이라고 생각한다. 인간의 궁극적인 이타심은 가족에 제한될 이유도 없고, 그래서도 안 된다. 혈연으로 연결된 수 명, 수십 명을 위한 노력 정도에 우리의 삶을 굳이 제한할 이유도 없다. 우리는 서로에게 연결되어야만 살아갈 수 있는 존재이기 때문에 그렇다. 우리는 생각해야 한다. 우리가 타인을 위하는 마음은 더 멀리까지 확장될 수 있다는 것을, 가족을 이루었든 그렇지 않든 삶의 품격은 스스로 정할 수 있다는 것도.

나는 어느 정도로 살아가는 것이 적정한 수준의 이기심인지, 그 누구도 돌보거나 키워내지 않고 오직 나 자신의 성장을 위해서 애쓴다는 것에 대해 어떻게 생각해야 하는지 알고 싶었다. 이것이 나 혼자만의 고민이 아니기를 바라는 마음도 항상 갖고 있었다. 하지만 여기까지 삶을 살고 보니 한 가지만은 확실히 알 것 같다. 내가 오직 나 자신에게만 골몰했을 때 삶은 그다지 행복하지 않았다는 것이다. 더 발전하고, 더 나아질 수는 있었지만 거기에는 늘 어떤 불안과 조바심이 함께 있었다. 내가 기울인 노력도 내 것이고, 내가 얻어야 할 행복도 마음속에서는 다 이미 내

(현존의 문을 열다)

것이어야만 했기에 내가 목표한 것을 손에 쥐지 못하면 언제나 자책이 뒤따랐다. 학창 시절이 그랬고, 직장 생활이 그랬고, 언제나 나 자신이 최상급임을 증명하지 않으면 일할 기회를 얻을 수 없는 프리랜서로서의 생활이 모두 그랬다.

하지만 내가 노력해서 얻은 이 모든 것들을 내가 어디로 움켜쥐고 간다는 생각이 아니라, 이 모든 결과를 다 내가 누려야 한다는 생각이 아니라, 여기 이 세상에 모두 놓아두고 간다고 표현할 수도 있겠다는 생각을 했다. 내가 배운 것을 타인에게 전해주고, 내가 느낀 것을 공유하고, 내가 누린 행복들을 다른 재질들로 바꾸어 또 다른 어떤 사람에게 행복이 되도록 전달할 수 있겠다고 생각했다. 악착같이 모아서 내 손에 쥐고 즐기는 게 아니라 어디에선가 끊임없이 좋은 것을 받아서 또 다른 곳에 좋은 형태로 돌려주는 전달자의 삶을 그려보게 되었다.

이렇게 살아갈 수 있다면, 우리는 어떤 삶의 형태를 살아가든 자기 자신이라는 존재 안에 갇히지 않고 아름답게 흐르는 존재가 되어가지 않을까? 이기심이든 이타심이든 모든 언어를 내려놓고, 우리가 잠시 머물렀던 이 땅에 귀한 것을 더하고 가는 사람이 될 수 있지 않을까?

(3장)

또한 나는 생각했다. 혼자이지만 완전하고, 모두와 연결될 수 있는 어떤 삶이 있다는 것을 안다면, 혼자 살아가는 삶에서 충만함을 느낄 수 있지 않을까? 어떤 사람을 만나 살아갈 것인가의 문제보다 중요한 것은, 어떤 태도로 삶을 살아갈 것인가의 문제이기 때문이다.

이제 마지막 질문만이 남아 있다.
당신은, 움켜쥐는 자인가? 전달하는 자인가?

> 그는 자애의 마음으로 동쪽을 가득 채우고,
>
> 자애의 마음으로 남쪽 방향을 가득 채우고,
>
> 자애의 마음으로 서쪽 방향을 가득 채우고,
>
> 자애의 마음으로 북쪽 방향을 가득 채우고,
>
> 자애의 마음으로 위와 아래와 옆과
>
> 모든 곳을 빠짐없이 가득 채워서,
>
> 광대하게 멀리 미치고 무량하게,
>
> 원한 없고 악의 없는 자애의 마음으로
>
> 일체의 세계를 가득 채운다.

_《맛지마니까야》[26]

　　　　　　　　(현존의 문을 열다)

자신을 사랑하는 마음을 당신이 원할 때
일으킬 수 있나요?

나에 대한 사랑을
타인에게 방사하는,
타인자비

"자신을 사랑하는 마음을 지금 바로 일으킬 수 있나요?"

나의 명상 수업에 참여한 사람들에게 내가 꼭 하는 질문이다. 이 질문을 받으면 사람들은 당황스러운 표정을 짓는다. 나를 사랑하는 것이 필요하다는 것은 알지만 갑자기 그런 마음을 일으켜보라니, 대체 뭘 하라는 것인지 판단이 잘 서지 않고 혼란스러운 것이다. 아무런 가이드도 주지 않은 채, 일단 1분의 시간 동안이라도 그 마음을 일으키는 것을 한번 시도해보라고 하면 열에 아홉 이상은 1분 후에 이렇게 대답한다. "도저히 안 되겠어요. 도대체 뭘 하라는 거죠?"

우리는 하루에도 수많은 선택의 기로에 놓인다. 그리고 그 선택의 대부분은 자신을 위한 것이다. 일어나 마시는 물 한 잔에도, 배고파 허겁지겁 집어 드는 아침의 토스트 한 조각에도, 의식하지는 못하지만 나 자신의 작은 기쁨을 추구하는 마음이 개입된다. 장시간 앉아서 작업을 하다가 문득 허리가 아파 자세를 고쳐 앉거나, 목이 갑갑해 헛기침을 하거나, 눈을 깜박여 건조함을 막고자 하는 반자동적인 반응 같은 것에도 우리가 생생하게 인지하지 못할 뿐 거기에는 자신을 위한 의도가 개입되기 마련이다. 여기에서 한발 더 나아가, 우리는 좀 더 의식적인 선택들로 삶을 채우며 자신을 위해 행동한다. 잠시 시간이 비었을 때 엄지손가락으로 연신 스마트폰을 밀어 올리며 SNS의 쇼츠를 보는 것도, 홈쇼핑 채널을 보며 검은색 바지를 살까, 회색 바지를 살까 고민하는 것도, 이번 겨울 어디로 여행을 가서 어떤 숙소를 잡을지 고민하는 것도 모두 나 자신의 기쁨을 위한 행위적 선택이다.

그리고 바로 여기에서 삶에 대한 오래된 오해가 싹을 틔운다. 행위에 대한 선택이 우리가 할 수 있는 선택의 전부라는 거대한 오해이다. 이 오해와 자신을 위하는 기본적인 성향이 결합되면 우리는 우리가 스스로를 아낀다는 느낌, 잘 살고 있다는 감각을 일깨우기 위해 끊임없이 어떤 행위를 해야 하는 경향성에 사로잡힌다. 계속해서 목표를 세우고, 돈을 쓰고, 자기계발을 하고, 취

（현존의 문을 열다）

미 생활을 하고, 무언가를 하고 있지 않은 자신을 도저히 참을 수 없다는 듯이 끝없는 행위로 자신을 몰아붙인다. 소비자본주의와 무한경쟁 모드가 결합된 한국사회에서 사람들은 특히 자기계발과 소비 행위에 더 매진하며 자신을 사랑한다는 느낌을 확인하는 강박으로 내몰린다. 이제는 지나간 반짝 유행으로 취급받는 미라클 모닝 같은 것, 명품이라 불리는 사치재를 구매하기 위해 밤샘을 하고 오픈런을 불사하는 것, 그다지 관련 없어 보이는 이 두 가지 선택은 심층의 차원에서 보면 크게 다르지 않은 행위들인 셈이다.

행위는 삶의 구성 요소이지만, 행위만 하며 살아갈 수 없다는 것을 깨닫는 경험은 한 개인에게 그 자체로 귀한 경험이 된다. 즐거운 순간에 이런 경험을 한다면 좋겠지만 이런 깨달음은 항상 불행하거나 괴로운 시간에 일어나는 법이다. 나 역시 그랬다. 방송활동을 시작하고, 이름과 얼굴을 사람들에게 널리 알리고 활동을 하면서 좋은 일이 참 많았다. 승승장구하고, 온갖 화려한 것들을 즐기며 나는 일하는 자로서 '행위'했다. 그러나 그와 반대로 성차별주의자들의 욕설과 모욕, 혐오 어린 공격에 노출되는 일도 잦았다. 얼굴을 알 수 없는 사람들의 무차별적 공격의 대상이 된다는 것에 익숙지 않았던 당시의 나는 정말 괴로웠다. 내가 일터에서 하는 '행위'들은 그런대로 잘 진행되었으나 일터에서 돌아온 나의 '존재'는 결코 괜찮지 않았다.

모두의 응원을 받을 수 없다는 것은 잘 알고 있지만, 특정 인터넷 커뮤니티와 혐오를 양산하는 유튜브 채널에서 몰려와 지속적으로 악성 댓글을 다는 것에 분노가 올라오는 것을 막을 수는 없었다. 무엇보다도 고통스러웠던 것은 나를 미워하는 어떤 사람들의 존재를 나 역시 미워하고 있다는 사실이었다. 내 마음에 미움과 분노가 존재한다는 사실이 무엇보다 나를 고통스럽게 했다. 유한한 내 삶의 시간을 얼굴도 알지 못하는 어떤 존재들에게 분노를 품은 채로 살고 싶지 않다고 몇 번이나 생각했다.

각자 처한 상황은 다르더라도, 우리는 모두 다 마음에 분노의 칼을 하나쯤 품고 살아간다. 좋았던 관계는 오히려 더 쉽게 상처를 주고, 처음부터 싫었는데 끝까지 싫은 사람도 허다하다. 아는 사람뿐 아니라 처음 본 사람에게도 우리는 쉽게 분노하고, 그 분노의 습관이 자신에게 굳게 스며들면 스스로 그 분노를 정당화하는 단계에 이른다. "네가 나를 화나게 만들잖아!"라며 자신의 분노를 정당화하는 것이다. 뉴스는 자극적이고 싸움이 가득한 소식들만 앞다투어 전하고, 인간의 혐오심을 자극하는 유튜브 채널들은 수백만 구독자를 양산하며 승승장구한다. 우리는 그렇게 사랑의 태도보다 혐오와 분노의 태도를 갖도록 사회화된다.

(현존의 문을 열다)

미디어에서는 우리 사회가 예전보다 각박한 사회가 되었다고 서정적인 표현을 쓰고 있지만, 사실 우리 사회는 그저 각박해진 것이 아니다. 그 정도 표현으로는 지금의 사회를 표현할 수 없다. 오직 돈과 성공을 맹렬히 좇는 배금주의와 무한경쟁의 문화 속에서 우리는 인간에 대한 존중과 연결성을 상당 부분 잃어버렸다. 남을 이기고 밟아야 내가 살아남을 수 있다고 한국사회는 오랫동안 그렇게 아이들을 가르쳐왔다. 타인에 대한 존중과 연결이 사라진 자리를 펄펄 뛰는 분노와 혐오가 채워가고 있다. 학교폭력, 직장 내 괴롭힘, 성차별주의, 외국인 혐오, 노인 혐오……. 이것은 모두 현재의 한국사회를 드러내는 대표적인 문제적 현상이다. 우리 사회에 만연한 현상의 기저에 타인에 대한 폭력과 억압, 그리고 억눌린 분노와 비틀린 자기 사랑이 있다는 것을 부정할 방법이 없다.

분노와 혐오로 서서히 잠식되어 가는 이 사회에, 《숫타니파타》의 〈자애경〉은 생생하고 강력한 메시지를 전한다. 근원적 사랑의 마음을 이보다 더 명확하게 표현한 경전을 나는 본 적이 없다. 단지 눈으로 읽는 것이 아니라, 한 글자 한 글자 천천히 소리 내어 읽으면 〈자애경〉의 강력한 메시지를 더 실감하게 된다. 여기엔 〈자애경〉의 일부만 발췌해 담는다.

살아 있는 것은 어느 것이나,

움직이는 것이나 움직이지 않는 것이나

남김없이 길거나 크거나

중간 것이나 짧은 것이나

미세하거나 거칠거나

보이는 것이나 보이지 않는 것이나

멀리 사는 것이나 가까이 사는 것이나

이미 생긴 것이나 앞으로 생길 것이나

모든 중생들이 행복하기를 기원합니다.

서로가 서로를 속이지 않고 헐뜯지도 말지니

어디에서도 누구라도

분노 때문에, 증오 때문에

서로에게 고통을 바라서는 안 됩니다.

_〈자애경(Mettasutta)〉[27]

자신을 향한 깊은 사랑의 마음을 길러낸 토양에 비로소 타인을
위한 사랑의 마음을 형성하는 것이 가능하다. 〈자애경〉은 우리가
스스로를 사랑하는 마음을 바탕으로 해서 결국 그 사랑을 타인에
게 전달하고 공유하며, 우리가 인생에서 만나는 사람들뿐 아니라
세상에 존재하는 모든 존재들에게까지 그 행복을 바라는 마음을

(현존의 문을 열다)

방사할 것을 삶의 수승한 지혜로 제시한다. 그 사랑의 범위가 얼마나 넓은가 하면, 눈에 보이지 않는 것들도 포함하고, 앞으로 생겨날 존재들까지도 포함시킬 정도이다. 몇 번을 읽어도 감탄하게 된다. 어떻게 이렇게 아름다운 경전이 존재할 수 있을까?

그런데 이 지극한 사랑의 태도를 담은 〈자애경〉을 접한 사람의 반응은 다소 극과 극이다. 이 경을 통해 사랑과 깨달음을 얻는 사람도 있지만, 고개를 가로저으며 받아들일 수 없다는 표정을 짓는 사람도 많다. 나에게 상처를 준 사람이 있다면, 그 사람에게 분노하고 그 사람이 괴롭길 바라는 것은 당연한 일이 아니냐고 묻는다. 정당한 분노의 감정까지도 내려놓고 오직 사랑을 외치는 것은 정신 승리와 같은 이야기가 아니냐고 되묻는다.

하지만 수행의 세세한 방법을 다룬 주석서인 《청정도론》을 통해, 우리는 '정당한 분노까지 잘못된 것인가'라는 일말의 억울함에 대한 답을 찾아볼 수 있다. 사랑의 마음을 의식적으로 훈련하고 길러내는 수행법으로서,《청정도론》에서는 반드시 순서를 지켜 그 마음을 닦을 것을 주문하기 때문이다. 자애수행의 순서는 다음과 같다.

나 자신에 대한 자애를 일으킴
내가 원한 없이, 악의 없이, 근심 없이 나 자신을 수호하기를

사랑하는 대상에 대한 자애를 일으킴
내가 존경하는 훌륭한 그 존재가 원한 없이, 악의 없이,
근심 없이 자신을 수호하기를

크게 관련이 없는 (중립적인) 대상에 대한 자애를 일으킴
내가 아는 그 존재가 원한 없이, 악의 없이,
근심 없이 자신을 수호하기를

나에게 상처를 준 사람에 대한 자애를 일으킴
나에게 상처 준 그 존재가 원한 없이, 악의 없이,
근심 없이 자신을 수호하기를

먼저 자신에 대한 마음을 길러내고, '사랑하는 대상 〉 중립적인
(좋아하지도 싫어하지도 않는) 대상 〉 나에게 괴로움을 준 대상'으로
자애의 마음을 길러나가는 것이 전통적인 자애수행의 순서이다.
수행의 방식에 대한 초기경전의 설명은 상당히 단호하다. 지극한
사랑의 마음을 닦는 것이 삶에 있어 너무도 중요하고, 그러므로
나와 모든 존재들, 심지어 나에게 해를 끼치고 상처를 준 사람까
지도 대상으로 삼아 자애를 길러야 한다는 것이다. 적에게 분노
하는 자는 적에게 도움을 주는 일을 행하는 사람일 뿐, 스스로 화

（현존의 문을 열다）

장용 장작이 될 뿐이라는 매서운 조언이 함께 이어진다.

붓다는 "만약 양쪽에 손잡이가 있는 톱으로 도적들이 잔인하게 그대들의 사지를 조각조각 절단할지라도, 그때 만약 마음에 분노를 일으킨다면, 그는 나의 가르침을 따르는 자가 될 수 없다"고까지 표현한다. 왜 도대체 나에게 상처를 준 사람을 대상으로까지 자애의 마음을 길러내야 하는지 억울하거나 의아해하며 '정당한 분노'를 말하는 사람들에게 붓다는 억울한 죽음의 상황에서조차 분노를 일으키지 말 것을 주문하는 것이다. 실로 범접할 수 없는 이 자애의 경지에 대해 생각하면 하루에도 수차례 크고 작은 화를 경험하는 나 자신이 한없이 초라해지기도 하지만, 역으로 자애의 마음이 인간에게 얼마나 중요하고 또한 근본적인 의식의 힘이 되는지 다시 한번 헤아려보게 된다.

나 자신을 진정으로 아끼고 사랑할 수 있는가? '행위하는 자'가 아닌 '존재하는 자'로 나 자신을 인지할 수 있는가? 나는 다시 이 질문으로 돌아와 나를 바라보았다. 끊임없이 더 나은 조건, 더 많은 수입, 더 좋은 반응을 갈구하며 열심히 달리기만 하는 내가 여기에 있었다. 모든 사람이 나를 원하고 좋아해주길, 나를 싫어하는 사람이 하나도 없기를 바라는 나의 갈망이 이 자리에 있었다. 그래서 나는 내 안의 미움을 보지 못했고, 나를 미워하는 사람들의 고통을 바라볼 수도 없었다.

나는 용기를 내어, 나를 싫어하는 사람들을 떠올리며 자애의 문구를 조용히 읊조렸다.

"당신이 모든 위험에서 벗어나기를,
당신이 정신적 고통이 없기를,
당신이 육체적 고통이 없기를,
당신이 부디 건강하고 행복하기를."

딱딱하게 굳어 있던 분노 어린 마음이 녹아내리기까지 오랜 시간이 걸리지 않았다. 찰나였다. 그들의 고통을 보게 된 것은. 나도 고통을 안고 살아가는 인간이지만, 나를 미워하고 내가 괴롭기를 바라는 사람들도 결국 나와 똑같이 고통에 몸부림치는 존재일 뿐이구나. 내 마음에 세워져 있던 딱딱한 벽이 조금씩 녹아내렸다. 나를 미워하며 댓글을 쓰는 사람들의 모습 속에 과연 내 모습은 하나도 없다고 말할 수 있는가? 미움에 미움으로 대처하는 것이 아무 쓸모도 없다는 것을 깨달은 순간, 나는 그렇게 나자신을 해방시켰다.

그래요 우리는,
그러니까 조금도 다르지 않군요.

(현존의 문을 열다)

온 힘을 다해 '타인 자비수행'에 자신을 던져본 사람은 알 수 있다. 이것이 얼마나 강력한 마음의 훈련 방법인지를. 자신이 느끼는 분노를 정당화하는 습관을 내려놓고, 자신과 타인의 구별을 내려놓는 이 훈련이 얼마나 강력한 힘을 가지고 있는지를. 다만 이 자애수행은 완성하기가 쉽지는 않다. 이 세상 누구보다 사랑스러운 존재인 자신을 대상으로 시작해, 나에게 상처를 주고 괴로움을 느끼게 한 사람을 대상으로 할 때 이 수행이 비로소 완성된다. 자애의 마음을 내 안에서 일으켜, 세상의 모든 존재들은 물론 나에게 해를 끼친 사람에게까지 이 사랑의 마음을 방사하는 것이 아깝지도 억울하지도 않고 그저 편안함과 기쁨으로 가득할 때, 인간의 순수하고 고유한 덕목이 완성되는 것이다.

쉽게 분노하고, 쉽게 미워하는 성향을 가진 사람에게 이것은 도저히 할 수도 없고 하고 싶지도 않은 어떤 고리타분한 것일지 모른다. 하지만 자신에 대한 사랑의 마음부터 성장시켜가다 보면, 중간에 어려움이 있더라도 포기하지 말고 꾸준히 수행의 단계를 밟아가다 보면* 그 성장의 열매는 자신의 것이 될 것이다. 사랑은 필요할 때만 꺼내어 쓰고, 필요한 대상에게만 발휘하는 선택적인 행동이 아니라 사람으로 태어난 이상 세상의 모든 존재에게 나누고 발원해야 하는 기본적인 삶의 태도임을 〈자애경〉은 강조하고 있다. 세상을 새롭게 바라보기 원하는 이에게 '타인

자비수행'은 종교와 사상, 시대를 초월하는 교훈을 선물한다. 다만 선택만이 남아 있을 뿐이다. 이 강력한 사랑의 방식을 탑재하고 살아가는 삶인가, 그렇지 않은 삶인가의 선택 말이다.

> 그리하여 일체의 세계에 대하여
>
> 위로 아래로 옆으로 확장하여
>
> 장애 없이, 원한 없이, 적의 없이
>
> 자애로운, 한량없는 마음을 닦게 하여지이다.
>
> 서 있거나 가거나 앉아 있거나
>
> 누워 있거나 깨어 있는 한,
>
> 자애의 마음을 새기게 하여지이다.
>
> 이것이야말로 참으로 청정한 삶이옵니다.
>
> _〈자애경〉[28]

---

* 《청정도론》에서는, 나에게 상처 준 사람을 향해 마음을 닦을 때에 그에게 받은 상처가 기억나서 분노가 생겨나면, 앞에서 언급한 사람들(사랑하는 대상, 중립적인 대상)에게 거듭해서 자애를 닦음으로써 분노를 제거하는 것을 방법으로 제시한다. 자비수행은 각 단계가 다른 단계에 영향을 미치며 닦으면 닦을수록 내면을 성장시킬 수 있는 섬세한 테크닉이라 표현하지 않을 수 없다.

(현존의 문을 열다)

삶의 고독을 대면하고
다만 스스로 빛나기를

외로움과 담담히
공존하는 법

서른 즈음의 어느 여름날, 나는 정말 바쁘게 살던 7년 차 직장인
이었다. 어렸을 때, 학교 다닐 때 만나던 친구들은 어느덧 하나
둘 떠나가고, 사회에서 만난 친구들과는 그다지 편안한 관계로
는 이어지지 못하던 시기로 기억한다. 나이는 점점 먹어가는데,
뚜렷한 미래 같은 것은 생각나지 않고, 혼자 살던 광화문의 작은
원룸에서 한 달에 한 번쯤 와인을 한 병 비우고 이유도 모른 채
혼자 엉엉 눈물을 흘리던 그런 날들이었다.

지금 생각하면, 참 애틋하다. 참 안됐다. 너무도 혼자였는데, 기
댈 어른도 없었고, 맘을 터놓을 만큼 안전하다 느끼는 친구도 없

었다. 피곤에 지쳐 일어나고, 피곤에 지쳐 돌아오고, 대단한 취미도 없고, 연인도 없었던 서른 살의 직장인. 나는 정말 외로웠다. 스무 살이 되면 제법 인생이 신날 줄 알았고, 서른 살이 되면 인생이 꽤 안정될 줄 알았는데, 돌아보면 내 인생은 한 번도 신난 적도 안정된 적도 없었다. 가장 절망적이었던 건, 내 인생이 한 번도 신난 적도 안정된 적도 없었다는 것을 이야기할 그 누군가가 없다는 사실이었겠지만. 나는 누구에게라도 말하고 싶었다.

"나 외로워. 나 정말 외로워. 나 언제까지 이렇게 외로워야 해?"

서른 즈음, 그렇게 외로움에 조금씩 잠식되어 지쳐가고 있을 때, 어느 날 알게 된 또래의 한 남자가 나에게 꽤나 적극적인 대시를 해왔다. 한동안 연애를 하지 못했던 나에게 나름 나쁘지 않은 에피소드였다. 겨우 두 번의 데이트 후, 그는 나에게 곧 결혼 이야기를 꺼냈다. 지금까지 얼마나 힘들었냐며, 이제 자신이 내 인생을 안정적으로 지켜주는 가장 단단한 울타리가 되어줄 거라 했다. 결혼이라니. 말도 안 된다며 웃었지만 그가 말하는 안정이라는 말에, 울타리라는 말에 나의 마음이 반응했다. 나는 나를 설득시켰다. 이 정도면 충분하다고. 나이가 더 들면 이런 남자조차 못 만날 거라고. 말하자면 내가 나 스스로를 가스라이팅한 셈이

(현존의 문을 열다)

랄까. 그것이 지옥의 초입이라는 것을 그때는 나도 그도 알지 못했을 것이다. 안정은 결혼이 주는 것이 아니라 혼자서도 내 삶을 온전히 잘 살아낼 수 있을 때 얻어지는 것임을 알지 못한 대가로, 언쟁, 상처, 고통, 경제적 손실, 그리고 서류상의 흔적…… 우리는 너무 많은 수업료를 내야만 했다.

지금 생각하면 너무도 어린 나이인데, 나는 왜 그리 조급했을까? 참 바보 같았다. 참 무지했다. 정확히 말하자면, 나는 외로운 것은 잘못이라고 생각했던 것 같다. 관심을 받고, 사랑을 받고, 함께 웃고, 함께 어딘가 다니고, 함께 있고, 그것을 내가 도달해야 할 이상적인 모습으로 여겼다. 혼자 있는 것, 결혼하지 않은 것, 말할 상대가 없는 것은 일시적이고 임시적인 것으로 여겼으므로 그 시간을 빠르게 지나가야 한다고 생각했다. 그 시간에 온전한 접촉함 없이 부정하기만 했던 것이다. 외로움을 벗어날 수 있다면, 무슨 짓이든 할 수 있을 것 같던 시기가 나의 서른 살 즈음이었다.

그리고 마흔다섯, 8월의 어느 날인 그날도 나는 여전히 외로웠다. 나의 집이 아니라 갑자기 낯선 호텔에서 묵게 되어서일까. 광화문의 한 호텔 방이, 하필이면 서른 살 즈음 결혼 직전에 내가 혼자 살던 광화문 원룸의 구조와 너무 닮아서일까. 저녁식사를 사러 나간 골목에서 사람들이 즐겁게 누군가와 저녁을 먹고 있는 모습을 보아서일까. 아니면 이렇다 할 이유 없이 그저 삶이 애초에 외로운 것이어서일까. 외로움은 여전히 오늘도 내 품을 파고들었다.

나는 이제 그 답을 알고 있다. 삶은 누구에게나 공평하게 외롭다는 것을, 이제야 결국 알게 되었다. 어떤 사람들은 이 말에 동의하지 못한다. 다들 행복해 보이고, 다들 친구가 많아 보이는데, 자신은 행복하지도 않고, 친구도 많지 않다고. 어떻게 공평할 수 있느냐고 되묻는다. 물론 삶의 껍데기만 보면 그렇게 보인다. 누군가는 화려하게 살고, 누군가는 친구가 너무 많아 즐거워 보이고, 누군가는 늘 성공하는 듯 보일 수 있다. 충분히 그럴 수 있다. 하지만 삶의 심연을 들여다볼 수 있게 되면 우리가 알지 못했던 진실이 드러난다. 화려해 보이는 스타도, 남편과 아이와 복닥거리며 사는 여자도, 늘 떠들썩한 파티를 즐기는 사람도, 쉴 새 없이 연애 상대를 바꾸며 삶을 즐기는 듯 보이는 또 다른 누군가도 마음속 깊은 곳에는 그 '지점'이 있다. 행복하다고 말하고, 괜찮다고 웃지만, 마음속에는 누구나 영원히 채워지지 않는 작은 방이 있다.

외롭지 않은 사람은, 없다.

(현존의 문을 열다)

외롭지 않은 척할 뿐이다.

쉴 새 없이 누군가를 만나고, 모임을 만들고, 외로움과 거리가 멀어 보이는 것 같은 사람이 심연의 차원에서 오히려 깊은 외로움에 시달리고 있을 수 있다. 외로움을 느끼는 것이 싫어서 몸부림치는 것일 수 있다. 나는 아직도 어느 날, 나에게 도착했던 짧은 디엠을 잊을 수 없다. 남편과도 행복하고, 아이를 셋이나 낳아 잘 기르고 있지만 순간순간 찾아오는 외로움이 버겁다던 어떤 여자의 말. 인간은 단지 가족을 이룬다고 해서 외롭지 않아지는 존재가 아니라는 것을, 어떤 형태로 살아가든 내면에서 채워지지 않는 외로움과 평생 싸워야 하는 존재라는 것을 이해하게 되었다. 이것을 알지 못했을 때, 나는 행복해 보이는 타인과 외로운 나를 끊임없이 비교했다. 그리고 내 삶의 다채로웠던 어려움과 고군분투, 그 속에서 어떻게든 답을 찾고자 했던 노력의 끝에서 이제는 그 모든 것으로부터 해방되었다. 외로움 때문에 잘못된 결정을 할 위기에 놓인 이들에게, 나는 힘주어 말해주고 싶다. 우리는 각자 외로운 삶의 여정을 걸어가며 다양한 경험을 할 뿐, 외롭지 않은 사람이란 없다고.

연애도 쉰 지 오래되었고, 결혼 생각은 더더욱 없고, 아이를 낳는 것은 이번 생에 당연히 없을 일이고, 그렇다고 친구도 많지 않으며, 나를 좋아하는 사람들은 조용히 응원한다는 말을 하고, 나를 싫어하는 사람들은 대놓고 싫어하는 그런 내 삶에 대해 잠시 생각해본다. 어떤 시선으로 본다면 참으로 외로워 보일 만한 삶이다. 하지만, 이 외로움 안에서 가능했던 수많은 일들에 대해 생각한다. 글을 쓰고, 책을 내고, 고요한 새벽에 명상을 하고, 원하는 것을 원하는 만큼 배우고, 원하는 만큼 성찰하고, 스스로 선택한 고독을 통해 하루하루 나를 성장시키는 이 삶에 대해 생각한다.

삶의 목적이 고작 외로움을 벗어나는 것이었다면 나는 내 삶을 긍정할 수 없었을 것이다. 허나 삶의 목적이 나 자신을 성장시켜 그 성장의 결과를 더 많은 타인과 나누는 것이라면, 내 삶은 이미 아름답게 빛나는 그 무엇이다. 홀로 작은 방에 있지만, 나는 온 세상과 연결되어 있음을 느낀다. 서른, 외로움이라는 감정에 고립되어 그 어디로도 가지 못하고 어리석은 결혼으로 자살골을 넣었던 나를 안쓰럽게 추억한다. 마흔여섯, 작은 방 안에서 이 글을 쓰는 내가 되었기에 가능한 일이다.

나는 당신이, 외로움에 잠식되지 않았으면 좋겠다. 외로움 때문에 좌절하지 않았으면 좋겠다. 누구나 외롭다는 것을 완전히 이해하고 나면 비교하지 않을 수 있다. 내 삶의 외로움과 그 사람

(현존의 문을 열다)

의 외로움이 각각 다른 모습일 뿐, 우리는 크게 다르지 않다는 것을 인정할 수 있기를 바란다. 외로운 방 안에서 온전히 내 삶을 받아들일 수 있을 때, 오직 성장과 성찰을 통해 자신을 독려할 때, 그 깊은 외로움은 당신을 좌절시키지 못할 것이다. 오히려 그것은 우리를 빛나는 삶으로 초대할 것이다. 나는 당신이, 외로움 속에서도 편안할 수 있기를 바란다. 그건 우리가 인생에서 배워야 하는 최고의 테크닉이다.

나가는 말

마음 해방은 한 번에 완성되지 않는다. 하지만 분명한 건, 이 해방의 여정을 당신도 오늘 당장 시작할 수 있다는 사실이다. 특별히 마음에 다가온 주제가 있다면, 바로 그 지점에서 개인적인 탐구를 이어가길 바란다. 해방은, 삶의 모든 순간 속에 감추어져 있다. 나 역시 이 책을 쓰고 엮는 과정에서 또 다른 마음 해방의 여정을 경험했다. 욕망을 내려놓고 또 내려놓으며, 내 것이라고 집착했던 것들을 깎아내고 또 깎아내었기 때문이다. 작가로서의 나를 알아봐주고, 인간으로서의 나를 돌아보게 만든, 내가 아는 한 가장 열정적이며 지적인 편집자 조한나 편집장님과의 귀한 인연에 엎드려 감사한다. 건강한 몸과 귀한 글솜씨를 물려주신 아버지와 어머니, 사랑하는 가족 모두의 존재에 감사하다. 이 책을 통해 마음 해방의 여정을 걸어갈 독자들이 부디 모든 위험에서 벗어나기를, 그 발걸음에 기쁨과 평안이 가득하기를 발원한다.

（나가는 말）

참고 문헌

제1장 헤아림의 문 너머

1 전재성 역(2018), 《청정도론(Visuddhimagga)》, <Vism.300, 제9장 하나 님의 삶(Brahmavirāraniddesa)>, 한국빠알리성전협회, p.660

2 페이융 저, 허유영 역(2019), 『법화경 마음공부』, 유노북스, p.109-110

3 전재성 역(2018), 《청정도론(Visuddhimagga)》, <Vism.301, 제9장 하나 님의 삶(Brahmavirāraniddesa)>, 한국빠알리성전협회, p.661

4 전재성 역(2014), 《쌍윳따니까야(Samyutta Nikāya)》, <SN.Ⅰ.75, 말리까 의 경(Malikāsutta)>, 한국빠알리성전협회, p.120

5 샤론 샐즈버그 저, 김재성 역(2017), 『행복을 위한 혁명적 기술, 자애』, 조계종출판사, p.41

6 전재성 역(2008), 《법구경(Dhammapada)》, <Dhp.76-81, 현명한 님의 품(Paṇḍitavagga)>, 한국빠알리성전협회, p.102

7 전재성 역(2008), 《법구경(Dhammapada)》, <Dhp.74, 어리석은 자의 품 (Bālavagga)>, 한국빠알리성전협회, p.99

8 전재성 역(2013), 《숫타니파타(Sutta Nipāta)》, <Stn.61-62, 무소의 뿔 의 경(Khaggavisānasutta)>, 한국빠알리성전협회, p.92

9 전재성 역(2008), 《법구경(Dhammapada)》, <Dhp.146-150, 늙음의 품 (Jarāvagga)>, 한국빠알리성전협회, p.126-127

제2장 알아차림의 문 너머

10 전재성 역(2018), 《앙굿따라니까야(Aṅguttaranikāya)》, <A.Ⅱ.95, 화장용 장작의 경(Chavālātasutta)>, 한국빠알리성전협회, p.722

11 전재성 역(2008), 《법구경(Dhammapada)》, <Dhp.210-213, 사랑하는 자의 품(Piyavagga)>, 한국빠알리성전협회, p.148-149

12 자공 까윗사라 편역(2013), 『사성제로 정리한 숫따니빠따』, 《숫타니파타 (Sutta Nipāta)》,<Stn.271-272, 쑤찔로마의 경(Sūcilomasutta)>, 사람 과나무, p.47-48

13 전재성 역(2014), 《쌍윳따니까야(Saṃyutta Nikāya)》, <SN.Ⅰ.13-14, 정 신에 대한 제어의 경(Manonivātaṇasutta)>, 한국빠알리성전협회, p.66

14 전재성 역(2014), 《쌍윳따니까야(Saṃyutta Nikāya)》, <SN.Ⅳ.208-209, 화살의 경(Sallasutta)>, 한국빠알리성전협회, p.1268-1269

3장 현존의 문을 열다

15 전재성 역(2017), 《테리가타-장로니게경(Therīgāthā)》, <Thig.124, 일 련시집에서 뭇따 장로니의 시(Muttātherigāthā)>, 한국빠알리성전협회, p.106

16 전재성 역(2017), 《테리가타-장로니게경(Therīgāthā)》, <Thig.161, 삼

십련시집(Tiṃsatinipāta)>, 한국빠알리성전협회, p.224

17 전재성 역(2017), 《테리가타-장로니게경(Therīgāthā)》, <Thig.169, 대 련시집(Therīgāthā Mahānipāta)>, 한국빠알리성전협회, p.242

18 Asha Choubey(2019), <Voices from the Yore: Therīgāthā Writings of the Bhikkunis>, The Indian Review of World Literature in English, 5. 6.

19 정준영(2022), <초기불교 수행의 주요기제연구- '빠자나띠(pajānāti)'를 중심으로>, 한국명상심리상담학회 28권, p.8

20 전재성 역(2000), 《우다나(Udāna)》, <바히야의 경(Bāhiyasutta)>, 한국 빠알리성전협회, p.70

21 전재성 역(2009), 《맛지마니까야(Majjhimanikāya)》, <MN.III.193, 마하 깟짜나와 한밤의 슬기로운 님의 경(Mhākaccānabhaddekarattasutta)>, 한 국빠알리성전협회, p.1446-1447

22 타라 브랙 저, 윤서인 역(2018), 『호흡하세요 그리고 미소 지으세요』, 불 광출판사, p.42

23 전재성 역(2009), 《맛지마니까야(Majjhima Nikāya)》, <MN.I.59-60, 새 김의 토대에 대한 경(Satipaṭṭhānasutta)>, 한국빠알리성전협회, p.178-179

24 Winecoff, A., Clithero, J.A., Carter, R.M, Bergman, S.R., Wang, L., & Huettel, S.A.(2013), <Ventromedial prefrontal cortex

encodes emotional valeu>, Journal of Neuroscience, 33(27), 11032-11039

25   전재성 역(2009), 《맛지마니까야(Majjhima Nikāya)》, <MN.Ⅰ.112-113, 꿀과자의 경(Madhupiṇḍikasutta)>, 한국빠알리성전협회, p.263

26   전재성 역(2009), 《맛지마니까야(Majjhima Nikāya)》, <MN.Ⅰ.283, 앗싸뿌라 설법의 작은 경(Cūḷavedallasutta)>, 한국빠알리성전협회, p.502-503

27   전재성 역(2013), 《숫타니파타(Sutta Nipāta)》, <Stn.146-148, 자애의 경(Mettasutta)>, 한국빠알리성전협회, p.112-113

28   전재성 역(2013), 《숫타니파타(Sutta Nipāta)》, <Stn.150-151, 자애의 경(Mettasutta)>, 한국빠알리성전협회, p.114

마음 해방

초판 1쇄 인쇄 2024년 2월 20일
초판 1쇄 발행 2024년 2월 27일

지은이 곽정은

발행인 이봉주 **단행본사업본부장** 신동해
편집장 조한나 **기획책임편집** 조한나 **디자인** [★]규
마케팅 최혜진 이은미 **홍보** 정지연
제작 정석훈 **국제업무** 김은정 김지민

브랜드 웅진지식하우스
주소 경기도 파주시 회동길 20
문의전화 031-956-7211(편집) 031-956-7087(마케팅)
홈페이지 http://www.wjbooks.co.kr
페이스북 www.facebook.com/wjbook
포스트 post.naver.com/wj_booking

발행처 ㈜웅진씽크빅
출판신고 1980년 3월 29일 제406-2007-000046호

ⓒ 곽정은 2024
ISBN 978-89-01-28051-6 03180